Ingelore M. Winter
Katharina von Bora

Ingelore M. Winter

KATHARINA VON BORA

Ein Leben mit Martin Luther

Mit Briefen an die »liebe Herrin«

Droste

Bildnachweis:

Aus zeitgenössischen Quellen und
S. 19: Verlag Bild + Heimat
S. 50, 57, 65/66, 101, 104: Verlag Schnmiedicke, Kunstverlag Leipzig
S. 79: Auslese-Bild-Verlag

CIP-Titelaufnahme der Deutschen Bibliothek

Winter, Ingelore M.:
Katharina von Bora: ein Leben mit Luther / Ingelore M.
Winter. Mit Briefen an die »liebe Herrin« / [Martin Luther]. –
Düsseldorf: Droste, 1990
ISBN 3-7700-0882-0
NE: Luther, Martin: Briefe an die »liebe Herrin«; Luther, Martin:
[Sammlung] Briefe an die »liebe Herrin«

Schutzumschlagentwurf: Helmut Schwanen
Gesamtherstellung: Ebner Ulm
ISBN 3-7700-0882-0

Inhalt

Vorrede

Nicht Männer machen Geschichte – Männer und Frauen haben zu allen Zeiten gemeinsam die Geschichte gestaltet von Adam und Eva bis auf den heutigen Tag. Für Männer und Frauen. Die Historiker haben diese Wahrheit jedoch bisher weitgehend ignoriert, Frauen meist nur dann, wenn sie Herrscherinnen waren, als historische Gestalten gewürdigt. Die Werke der Männer sind ohne ihre Frauen aber immer nur Stückwerke und nicht ihr ganzes Lebenswerk. Das gilt auch und besonders für Martin Luther.

Als Katharina von Bora am 13. Juni 1525 in Wittenberg Martin Luther heiratete, da kannten ganz Deutschland und das christliche Abendland den Reformator, der durch seine 95 Thesen den mächtigen Papst in Rom herausgefordert hatte und dafür mit dem Bann belegt worden war. Doch über die Frau, die er vier Jahre nach dem Reichstag zu Worms, wo er gegen Kaiser Karl V. entschlossen auftrat, zu seinem Eheweib auserwählte, wußten die Deutschen nur, daß sie aus dem Kloster Marienthron entflohen war.

Überraschung immer wieder, daß viele Protestanten und noch mehr Katholiken auch heute nicht wissen, daß Luther mit einer ehemaligen Nonne aus adligem Geschlecht verheiratet war. Und wer weiß, daß der Reformator Frau und Kinder besaß, der zitiert genüßlich das (angebliche) Lutherzitat von den zwei Mal in der Woche, das jedoch nicht von ihm ist. Und auch von denen, die über Luthers Eheleben reden, wissen nur wenige, wer seine Ehefrau war.

Vierhundertundvierzig Jahre nach ihrem Tode ist das Leben

von Katharina von Bora noch immer fast unbekannt. Als jedoch zu Luthers 500. Geburtstag, im Jahre 1983, mehrere neue Bücher über den Reformator erschienen, wurden auch das Leben seiner Frau und das Familienleben der Luthers in den Biographien gewürdigt. Schon das 19. Jahrhundert hatte sich im Rahmen der Lutherrenaissance und der vielen Lutherjubiläen mit dem Leben auch seiner Ehefrau und seiner Ehe intensiv beschäftigt. Gewiß, Luther ist als Reformator und Erneuerer der christlichen Kirche auch denkbar ohne seine Heirat, seine Ehe und seine Kinder. Ein vollständiges Lutherporträt, eine Beschreibung seines Lebens kann und muß jedoch seine Ehe mit der ehemaligen Nonne einbeziehen. Ihr eine neue eigene Biographie zu widmen, ist notwendig auch zum besseren Verständnis Luthers und der Reformation. Außerdem: Katharina von Bora ist eine außergewöhnliche Frauengestalt in der deutschen Geschichte am Beginn der Neuzeit.

Das Leben der Katharina von Bora war mit dem Luthers so eng verwoben wie sein Leben mit dem seiner Frau. Ihre Freunde und Verwandten waren auch seine Verwandten und Freunde; seine Verwandten, Freunde und Feinde waren auch ihre Verwandten, Freunde und Feinde. Ohne Martin Luther würden wir allerdings über das ungewöhnliche Leben von Katharina von Bora nichts wissen. Aber Martin Luther, der den Papst in Rom und den Kaiser des Heiligen Römischen Reiches gegen sich aufbrachte und die Welt, vor allem Europa, veränderte, wäre wahrscheinlich nicht der große Deutsche gewesen, wenn er nicht die geflohene Nonne Katharina von Bora geheiratet und eine Familie gegründet hätte, bewußt gegen das Zölibat verstoßend und andere katholische Priester zur Ehe ermutigte. Erst durch die Häuslichkeit mit seiner lieben Frau Käthe und den Kindern konnte er sein Lebenswerk, die Reform der christlichen Kirche, vollenden.

Die Ehe der Katharina von Bora mit Martin Luther wurde Vorbild für viele deutsche Familien und das evangelische Pfarrhaus. Es ist ohne Luthers glückliche Ehe mit Katharina von Bora kaum denkbar. Und das evangelische Pfarrhaus ist von

Bedeutung für unser kirchliches, soziales, kulturelles und politisches Leben. Bis auf den heutigen Tag. Im Pfarrhaus von Luthers und Katharinas Freund Johannes Bugenhagen in Wittenberg diskutierten evangelische Pfarrer und DDR-Bürger im Herbst 1989 den Aufbruch zu demokratischen Reformen in der DDR und den Ausbruch aus der sozialistischen Zwangsherrschaft.

Frauen großer Männer haben es schwer, über ihren Tod hinaus Anerkennung zu finden. In die Geschichte ist Katharina von Bora nur durch Luther eingegangen. Doch außer Elisabeth I. von England und Maria Stuart von Schottland kannte das 16. Jahrhundert ohnehin nur wenige Frauen, die Geschichte gemacht haben.

Eine Biographie über Katharina von Bora involviert unabänderlich eine Lebensbeschreibung Martin Luthers. Die Wahrheit eines Porträts ist aber nur mit Hilfe von Indiskretionen zu schreiben, meinte Edmond de Goncourt, bedeutender französischer Biograph und Schriftsteller. »Seit die Welt besteht, sind auch nur einigermaßen interessante Memoiren immer nur von Indiskreten verfaßt worden.«

Indiskretionen über Katharina und Martin Luther werden deshalb in diesem Buch nicht verschwiegen – soweit sie historisch belegt sind. Allerdings will die Biographin von Luthers Frau nicht wie Simon Lemnius eine »Sudelgeschichte« schreiben.

Luthers Zeit war keine Zeit des Puritanismus. Das soziale Umfeld ist daher bei der Beschreibung des ungewöhnlichen Lebens von Katharina von Bora so unerläßlich, wie es die historischen und religiösen Umstände sind, um der Wirklichkeit näherzukommen.

Dies ist nicht das erste Buch über Luthers Frau und Ehe. Schon 1751 erschien von dem Professor der Weltweisheit an der Jenaer Universität, Christian Wilhelm Walch, die »Wahrhaftige Geschichte der seligen Catharina von Bora, D. Martin Luthers Ehegattin«. Zu Luthers Lebzeiten schrieb Simon Lemnius, Student der Wittenberger Universität, eine Spottschrift über den Reformator und seine Ehe, mit der sich zweihundert Jahre später der Dichter der Aufklärung, Gotthold Ephraim Lessing, in seinen »Briefen« auseinandersetzte.

Die bisher erschienenen Biographien über Katharina von Bora, die letzte von Luise Koppen erschien 1917, berücksichtigen jedoch nicht die soziale Stellung der Frau zum Beginn der Neuzeit und wurden aus einseitiger Verehrung für Luther und seine Frau Katharina geschrieben. Eine neue Betrachtungsweise, basierend auf Luthers Äußerungen über seine Ehe und Briefe an Katharina von Bora, ist daher dringend erforderlich.

Das Porträt von Katharina von Bora wurde geschrieben aus dem Reformationsgeist und ist gedacht für unsere Zeit.

Bonn, im Jahre 1990 Ingelore M. Winter

Das Leben der Katharina von Bora als Frau Lutherin

Die Lebensgeschichte von Luthers Ehefrau Katharina von Bora ist eine der ungewöhnlichsten Biographien deutscher Frauen. Ihr Leben, das an der Schwelle zur Neuzeit, im Jahr 1499, begann und in der Mitte des 16. Jahrhunderts, im Jahre 1552, endete, fiel in eine Zeit welthistorischer Krisen des Abendlandes, in eine Zeit des geistigen, religiösen und sozialen Umbruchs, in eine Epoche, die von dem Gedanken der Endzeit nicht weniger geprägt war als von der sittlichen Erneuerung des Menschen. Nicht zu Unrecht betrachten etliche Geschichts- und Sozialforscher die Reformation als eine Revolution, da in ihr das gesellschaftliche, politische und kirchliche Leben neu gestaltet wurde. Und von dieser Um- und Neugestaltung war auch das Leben der Katharina von Bora tief ergriffen.

Ohne Luthers Auffassung von der Freiheit eines Christenmenschen, seine Reform der christlichen Kirche, die Auflösung der Klöster, die Abschaffung des Keuschheitsgelübdes und der Ehelosigkeit für die Priester wäre Katharina von Bora bis an ihr Lebensende eine unbekannte Zisterziensernonne geblieben. Durch ihre Flucht aus dem Kloster und ihren Entschluß, den in ganz Europa bekannten, vom Papst gebannten und vom Kaiser geächteten Martin Luther zu heiraten, ist sie ein Symbol für einen freien Menschen geworden, der über sein Leben selbst entscheidet. Um ein freies Leben zu führen, war sie aus dem Kloster Marienthron in der Osternacht des Jahres 1523 geflohen und hatte sich 1525 den Mann zum Ehemann auserwählt, der ihr gefiel und den sie haben wollte. Dieser Mann war Martin Luther.

Katharina von Bora, Luthers Ehefrau,
Gemälde von Lucas Cranach aus dem Jahre 1526

Die Geschichte der ehemaligen Nonne Katharina von Bora und ihrer Ehe mit dem ehemaligen Mönch Martin Luther ist die Geschichte zweier selbständiger Individuen, die ihrem Gewissen folgten und nicht in überlebten Konventionen und in überholten Kategorien dachten. Wie Luther sein Leben selbst bestimmte, so hat auch Katharina von Bora nach dem unfreiwilligen Eintritt in ein Kloster durch ihre Flucht in die Freiheit ihr Leben als autonomes Individuum geführt, zu einer Zeit, da Frauen als nicht emanzipiert galten.

Katharina von Bora, die im letzten Jahr des ausgehenden Spätmittelalters und ein Jahr vor dem Beginn der Neuzeit, die wir um 1500 ansetzen, geboren wurde, trat nach der Tradition ihrer adligen Familie auf Wunsch ihrer Eltern in ein Nonnenkloster für Adlige ein. Mit vierundzwanzig Jahren nahm sie ihr Leben selbst in ihre unselbständigen Hände und entfloh den Zwängen und der Weltfremdheit des Klosters in eine freie, aber unsichere Zukunft. Durch ihre Heirat mit Martin Luther, damals als Ketzer gebannt, bewies sie Mut und Entschlossenheit.

Bis zum Beginn der Neuzeit war Deutschland weithin ein Land der Wälder und Mystiker, eine Welt voller Dämonen und des Teufels. Sogar Martin Luther, einer der intelligentesten und mutigsten Männer seiner Zeit, glaubte noch an den Teufel als reale Macht. Um ihm zu entfliehen, war er in ein Kloster eingetreten – gegen den Willen seiner Eltern.

Frauen wurden noch bis ins 16. und 17. Jahrhundert hinein als Hexen auf dem Scheiterhaufen verbrannt, wenn sie wegen Besessenheit und ihres Zauberglaubens angeklagt und verurteilt wurden. Die »Hexenbulle« von Papst Innozenz VIII. aus dem Jahre 1484 enthielt den Befehl zur Inquisition zauberischer Personen. Der »Hexenhammer« des Dominikanermönchs Heinrich Institoris an der Universität Köln wurde 1487 in Straßburg gedruckt.

Aber neben den Hexen gab es als Gegenpol die Engel als überirdische Wesen und Boten zwischen Gott und den Menschen, im Glauben und in der Phantasie der Menschen und in der Kunst. Die Welt bestand zu dieser Zeit in der Vorstellung des Menschen aus Himmel und Hölle, aus Gott und Teufel, Hexen und Engel, die einander bekämpften.

Das Leben von Katharina von Bora war trotz des neuen Glaubens und Denkens noch erfüllt von dunklen Mythen und düsteren Vorstellungen über Leben und Tod. Das »Alte«, der spätmittelalterliche Aberglaube, wich nur zögernd einer rationalen und weltoffenen Lebensauffassung durch die Entdekkung des eigenen Ich, so daß Descartes, der französische Philosoph, ein Jahrhundert später sagen konnte: »Cogito ergo sum« (Ich denke, also bin ich).

Die Abkehr von der Weltfremdheit der Kirche, trotz der Weltlichkeit der Päpste, vollzog sich für Katharina und auch für Luther erst in ihrer Ehe und als Eltern ihrer Kinder.

Als Katharina von Bora nach freudlosem und eintönigem Klosterleben als Jungfrau Martin Luther in Wittenberg zum ersten Mal begegnete, wahrscheinlich im Hause seines Freundes Lucas Cranach, da stand Luther auf dem Zenit seines Lebens, war er ein im Abendland berühmter Mann, den selbst die bewunderten, die seine religiösen Auffassungen nicht teilten und seinen Kampf gegen den Papst in Rom verurteilten. Katharina von Bora war zu diesem Zeitpunkt eine unbekannte aus dem Kloster entflohene Nonne, mittellos und ohne ein Zuhause. Sie hatte nach ihrer Flucht aus der Obhut des Klosters nur den Wunsch, einen Mann zu heiraten, den sie liebte. Ihre erste Liebe (nach der Flucht) mit einem reichen Patriziersohn aus Nürnberg endete unglücklich, da seine Eltern eine Ehe mit einer ehemaligen Nonne, die adlig, aber arm war, ihm nicht erlaubten. Eine Heirat mit dem Rektor der Wittenberger Universität schlug sie aus, weil sie ihn nicht liebte. Aber Martin Luther, erst vor einigen Monaten aus dem Augustinerorden ausgetreten, den wollte sie vom ersten Augenblick ihrer Begegnung gerne heiraten, obwohl er sie damals nicht liebte.

Als Luther sich zur Heirat mit Katharina von Bora (ziemlich plötzlich) entschloß, war er nach seiner Auffassung mit seinen zweiundvierzig Jahren ein alter Mann und fürchtete, bald zu sterben. Da sich sein Vater, der mit siebenundsechzig Jahren für seine Zeit tatsächlich ein alter Mann war, einen männlichen Erben wünschte, entschloß sich Luther zur Heirat mit Katharina von Bora, der er nach ihrem Klosteraustritt mehrfach in Wittenberg begegnet war. (Ihre Flucht aus dem Kloster mit acht weiteren Nonnen hatte er organisiert.)

Die Zeit der Hochzeit fiel in die noch wütenden Bauernkriege, und auch die Freunde Luthers kritisierten seine Heirat zu dieser Zeit.

Katharina Lutherin, wie sie von Zeitgenossen und auch von Luther vielfach genannt wurde, machte aus dem Schwarzen Kloster, in dem Martin Luther über zehn Jahre als Augustinermönch in Wittenberg gelebt hatte, ein stattliches Wohnhaus und rettete es vor dem Verfall. Das große Renaissancegebäude ist heute staatliches Luthermuseum.

Ohne Katharina von Bora würde es nicht Luthers berühmte Tischgespräche mit den bekannten Lutherzitaten geben. Denn sie war es, die in dem Kloster, ihrem Wohnhaus, die Burse mit einem Mittagstisch für Professoren und Studenten einführte, bei dem Luther durch seine Gespräche über Gott, die Welt und die Liebe in ihrer Gegenwart glänzte.

Wenn Luthers Frau es nicht verstanden hätte, einen großen Haushalt zu führen und ein köstliches Essen auf den Tisch zu bringen, hätte Luther keine Gäste empfangen und bewirten können. Wittenberg war auch durch das emsige Wirken von Katharina Lutherin zum Anziehungspunkt für Theologen und Wissenschaftler aus ganz Europa geworden.

Erst nach seiner Heirat vollendete Luther die Reform der christlichen Kirche, übersetzte er das Alte Testament und erschien die erste Gesamtausgabe seiner Bibelübersetzung. Katharina brachte die fertigen Manuskriptseiten selbst zu dem damals bekannten Drucker Hans Lufft.

Die meisten von Luthers Kirchenliedern und viele seiner theologischen Schriften sind erst während seiner Ehe entstanden. Ein Jahr nach seiner Heirat verfaßte er die neue Ordnung des evangelischen Gottesdienstes. Den Kleinen Katechismus für den Religionsunterricht der Kinder hat er als Vater für seine

Kinder geschrieben. Erst nach Luthers Heirat wurden viele deutsche Fürstentümer sowie Dänemark und Schweden evangelisch beziehungsweise lutherisch oder protestantisch.

Es war eine Zeit des Umbruchs und des Aufbruchs. Wenn auch nur die wenigsten Menschen und noch weniger Frauen – Katharina von Bora war eine Ausnahme – lesen und schreiben konnten, so dachten die meisten Deutschen nun nicht mehr nur in mystischen und unerklärbaren Bildern. Durch den Aufbruch in eine neue Zeit, eine hellere Welt, veränderte sich auch die Stellung der Frau in der Gesellschaft. Die Frau war nun nicht mehr nur das »Lustobjekt« des Mannes, die Liebe bestimmte ihre Beziehung zum Manne und der Geschlechter, sie war eine zentrale Lebenserfahrung und stärkte das Selbstwertgefühl der Frau. Katharina Lutherin ist dafür das beste Beispiel. Gesetzlich blieb die Frau zwar auch noch im 16. und 17. Jahrhundert ungeschützt und war finanziell vom Mann abhängig, aber Luther, seiner Zeit immer voraus, sorgte für seine Frau über seinen Tod hinaus – gegen gesetzliche Bestimmungen.

Die Neuzeit bedeutete auch das Ende des Ritter-Ideals und den Aufbruch des Bürgertums. Frauen waren von diesem gesellschaftlichen Wandel nicht weniger betroffen als Männer, aber ohne eigene Rechte. Sie waren und blieben abhängig zunächst von ihren Eltern und nach der Heirat von ihren Männern. Martin Luther konnte und wollte an der rechtlichen Stellung der Frau nichts ändern, aber für ihn waren Mann und Frau in der Ehe gleichberechtigt, keiner war des anderen Untertan. Auch dadurch stieg die Achtung und das Selbstwertgefühl der Frau. Daß Luther in seiner Frau Katharina mehr als nur eine Dienerin und Magd sah, beweist das Eheleben der Luthers tausendfach. Es war nicht nur Ironie, wenn er sie mit »Herrin« oder »Domina« anredete. (»Domina« war die offizielle Anrede für Äbtissinnen.)

Katharina von Bora hat durch ihre Liebe zu Martin Luther und er durch seine innige Zuneigung zu seiner Frau die Vorstellung von der Ehe als einer »Wirtschaftsgemeinschaft« und einem »Zweckverbund« befreit, ihr eine Bedeutung als einer

Partnerschaft gegenseitiger Liebe und Achtung gegeben. Bis auf den heutigen Tag.

Katharina von Bora

Martin Luthers Ehefrau, Katharina von Bora, war eine Adlige. Von 1525 bis 1546 war die ehemalige Nonne Luthers Frau, Mutter von sechs Kindern. Sie lebte mit Luther bis zu seinem Tode und einige Jahre danach in Wittenberg. Sechs Jahre später, im Jahre 1552, starb sie auf der Flucht vor der Pest in Torgau.

Das Edelfräulein

Katharina von Bora, am 29. Januar 1499 auf dem Rittergut in Lippendorf geboren, stammte aus alter verarmter Adelsfamilie. Sie war eine stolze und fromme Frau, stolz auf ihre adlige Herkunft und stolz, die Frau des berühmten und wirkungsmächtigsten Mannes ihrer Zeit, Martin Luther, zu sein, dem Manne, der es gewagt hatte, gegen den im Abendland allmächtigen Papst und dem in Europa übermächtigen Kaiser Karl V. mutig entgegenzutreten.

Vor ihrer Heirat am 13. Juni 1525 im Schwarzen Kloster zu Wittenberg war sie eine fromme Nonne gewesen. Nachdem sie das Nonnenkleid abgelegt und Luthers Ehefrau geworden war, trug sie als Frau Luther standesgemäße Kleidung wie eine hohe Dame vom Hofe. Der Samtkragen war wie bei einer Fürstin hochgestellt, das enge Mieder mit Samtbiesen besetzt, der Rock reich gefaltet. Auf dem ziemlich kräftigen Kopf saß ein mit Perlen reichbesetztes Käppchen. Ihre langen und schmalen Finger zierten kostbare Ringe. Auch als bürgerliche Ehefrau und evan-

Lippendorf, Geburtsort von Katharina von Bora, wie es heute aussieht

gelische Pfarrfrau blieb sie eine selbstbewußte Adlige, und Luther nannte sie »Herrin von Zulsdorf«, nach dem Stammsitz ihrer Familie.

Die Familie Bora, ein altes sächsisches Adelsgeschlecht slawischen Ursprungs, war wie viele Adlige zum Beginn der Neuzeit durch die Auflösung der Ritterschaften verarmt. Das Rittergut Lippendorf, südlich von Leipzig, auf dem sie geboren wurde, und auch das »Zu der Saale« hatte ihr Vater, Hans von Bora, bald nach ihrer Geburt verkaufen müssen. Die Familie besaß nur noch das kleine Gut Zulsdorf in Neukieritzsch, das die große Familie kaum ernähren konnte und das Luther seiner Frau später schenkte. Katharina Boras Mutter, Katharina geborene von Haubitz, war, wie so viele Frauen ihrer Zeit, früh verstorben. Der Vater hatte sich wieder verheiratet.

Doch Hans von Boras zweite Ehefrau, ebenfalls adliger Herkunft, scheint auch kein Geld in die Ehe eingebracht zu haben, und so gab man die fünfjährige Tochter von Hause weg, da sich die Familie keine Erzieherin für sie leisten konnte. Katharina von Bora kam mit fünf Jahren in die Klosterschule der Benediktinerinnen in Brehna, nördlich von Leipzig.

Nun war es im Spätmittelalter und auch noch zum Beginn der Neuzeit durchaus üblich, daß die Eltern ihre Kinder bereits im Kindesalter außer Haus gaben. Die Klosterschule der Benediktinerinnen war als Mädchenschule berühmt und besaß einen guten Ruf wegen der Pflege der Wissenschaften, was immer man darunter damals verstanden hat. Jedenfalls lernte Katharina von Bora bei den Benediktinerinnen nicht nur das Lesen und das Schreiben und Rechnen, was ihr später als Frau von Martin Luther von großem Nutzen sein sollte, sie lernte auch etwas Latein.

Der Orden der Benediktinerinnen, benannt nach dem heiligen Benedikt, der nach 500 auf dem Monte Cassino ein Kloster gründete, war bekannt für seine strengen Ordensregeln und die Einteilung der Tageszeiten. Ora et labora, bete und arbeite, löste einander ab. Der Tag begann oft schon vor Sonnenaufgang. Ihre Heimat, das Rittergut Lippendorf, hat Katharina nur für kurze Zeit wiedergesehen. Das Tor zur Außenwelt schloß sich für Katharina von Bora nach ihrem 10. Geburtstag, als sie ihre Eltern in das Zisterzienserkloster Marienthron, zwischen Grimma und Bohra gelegen, gaben. (Bohra war möglicherweise der Herkunftsort der Familie von Bora.) Dieses Kloster lag nicht weit von Zulsdorf, dem Wohnsitz der Eltern, entfernt. In ihm fanden adlige Töchter aus der Umgebung Aufnahme. Sie wurden, wie Katharina von Bora, ins Kloster gesteckt in der Annahme, sie würden nie heiraten können, da sie arm waren. In der Regel wurden die Töchter ins Kloster »eingekauft«. Katharinas Vater zahlte für den Eintritt seiner einzigen Tochter in das Kloster aber nur dreißig Gulden, ein Indiz dafür, daß er kein reicher Herr war.

Verarmte Adlige gaben ihre Töchter gerne in ein Kloster, weil sie dort lebenslang versorgt wurden, auch bei Krankheit und in Notzeiten, und diese waren auch zu Beginn der Neuzeit nicht selten. Wenn die Pest oder andere Seuchen die Dörfer und die Städte heimsuchten, blieben wegen der fehlenden Hygiene und Medikamente oft nur wenige Menschen am Leben. Auch vor Burgen und Schlössern machten die tödlichen Seuchen keinen Halt.

Die zehnjährige Katharina von Bora wurde wohl nicht gefragt, ob sie in ein Kloster eintreten und Nonne werden wollte. Die Kinder waren ihren Eltern zu absolutem Gehorsam verpflichtet, adlige noch mehr als bürgerliche Töchter. Für Katharina gab es daher keine andere Wahl, und sie fügte sich dem Wunsch ihrer Eltern widerspruchslos.

Der Eintritt in ein Kloster schon im Kindesalter war keine Seltenheit, obwohl das Leben hinter den Klostermauern hart war.

Kloster Marienthron

Einsam, zwischen Wald und Wiesen, in einer idyllischen Landschaft liegt das Kloster Marienthron. In der heutigen Klosterruine weiden friedlich die Schafe.

Das Kloster Marienthron lag nur wenige Kilometer von Katharinas Geburtsort Lippendorf entfernt. Das Zisterzienserkloster, um 1250 im gotischen Backsteinstil erbaut, war eines der kleineren Klöster des um 1100 gegründeten Sacer Ordo Cisterciensis, SOC. Wie alle Klöster dieses Ordens zeichnete sich auch Marienthron durch seinen strengen Baustil aus, mit den schmalen gotischen Fenstern in der ein Meter dicken Mauer. Einziger Ausblick in die »Welt«.

Neben dem Haupthaus lagen die Wirtschaftsgebäude, die das Kloster versorgten und »unabhängig« von draußen machten. Einige Meter von dem Klosterbau entfernt sieht man noch heute die Mauern eines tiefen Brunnens. Eine Gedenktafel in der Klosterruine erinnert an Luthers Ehefrau. »In diesem Kloster weilte 1509–1523 Katharina von Bora. Befreit wurde sie durch den Ratsherrn Leonhard Koppe aus Torgau am 4. April 1523, vermählt mit Dr. Martin Luther zu Wittenberg am 13. Juni 1525.« An der Außenmauer steht auf der Tafel: »Zi-

Ruine des Klosters Marienthron

sterzienserinnenkloster St. Marienthron zu Nimbschen nach 1250 von Grimma hierher verlegt.«

Der Zisterzienserorden war aus dem Benediktinerorden als Reformbewegung hervorgegangen. Wie die Mönche der Zisterzienser waren ihre geistlichen Schwestern »weiße Nonnen« und hatten sich der Marienverehrung verschworen. Ihre Klöster, vor der Reformation gab es etwa 900 Abteien, meist in Frankreich und Deutschland, bauten sie in verschwiegenen und menschenfernen Tälern. Auch das Kloster »Marienthron« lag in einem öden Tal.

Katharina von Bora war damals die 43. Nonne, die in dem Kloster Aufnahme fand. Nach ihr wurden noch fünf Nonnen, darunter Eva und Margarete von Schönfeld, aufgenommen. Sie war ein blutjunges Mädchen, als sie in die weltfremde Welt des Klosters auf »Befehl« der Eltern eintrat. Fremd war für sie die Klosterwelt jedoch nicht. Sie kannte nach ihrem 5. Lebensjahr nichts anderes als diese. Gewiß war es nicht ihre freie Entscheidung, Nonne zu werden und ihr Leben hinter dicken Mauern zu verbringen. Aber widersetzen konnte und durfte sie sich dem Wunsch der Eltern, sie Nonne werden zu lassen, nicht.

Das Leben einer Nonne war damals angesehener als das einer Ehefrau. Nonnen standen gesellschaftlich höher als verheiratete Frauen – oft schon wegen ihrer Herkunft und vor allem als jungfräuliche »Bräute Christi«. (Nach Luthers Auffassung konnten jedoch Klosterfrauen und Eheweiber überhaupt nicht miteinander verglichen werden.) »Jungfrau« war ein Ehrentitel, da jegliche Sexualität, auch die in der Ehe, als Sünde galt. Und der eheliche Stand rangierte zur Zeit Luthers und Katharinas weit unter dem der Jungfräulichkeit.

Manch adliges Mädchen zog ein Leben im Kloster dem auf einer Burg oder dem elterlichen Gutshof vor. Das Kloster bot Schutz und Sicherheit vor Not und Krankheit, aber auch vor »sündhafter« Sexualität und frühem Tod bei vielen Geburten. Und sie konnten nicht gezwungen werden, einen ungeliebten Mann, den die Eltern für sie aus materiellen Gründen aussuchten, zu heiraten und jedes Jahr ein Kind zu gebären.

Das Leben im Kloster war zwar eintöniger als das auf einer Burg, aber weit ungefährlicher. Auf einer Ritterburg, die wir uns im technischen Zeitalter romantisch vorstellen, war es unwirtlich und unsicher. Ulrich von Hutten, der berühmte Humanist aus altem Rittergeschlecht, schrieb über das ihm vertraute Burgleben: »Die Burg selbst, ob sie nun auf einem Berg oder in der Ebene liegt, ist nicht zur Behaglichkeit, sondern zur Sicherheit erbaut, mit Graben und Wall umgeben, im Innern eng; daneben finstere Kammern, dann die Hunde und der Hundedreck – Reiter kommen und gehen, unter ihnen Räuber, Diebe und Mörder; denn meistens stehen unsere Häuser allen offen, da wir entweder nicht wissen, wer der Betreffende ist, oder auch nicht viel danach fragen.«

Die Klöster glichen Festungen. Sie waren Gottes Burgen. Das Leben im Kloster war streng geregelt. Beten, Schweigen,

Arbeiten lösten einander ab. An Alltagen und Festtagen. Das gesellschaftliche Ansehen einer Nonne war zwar hoch, aber sie lebte außerhalb der Welt, des öffentlichen Lebens, sie war eingeschlossen von dicken Mauern und kannte die Eitelkeiten der Erde nicht. Doch auch innerhalb des Klosters gab es Rangordnungen und damit verbundene Rivalitäten. Nonnen waren und sind keine Heilige.

Die Äbtissin des Klosters Marienthron war Margarete von Haubitz, eine Verwandte mütterlicherseits von Katharina von Bora. Das mag ihr einige Vorteile verschafft und die Eltern veranlaßt haben, sie in dieses Kloster zu geben, um sie dort gelegentlich besuchen zu können. Äbtissinnen waren die »Mütter« der Nonnen wie die Äbte die Väter der Mönche. Was Katharina von Bora im Kloster neben der Einhaltung der klösterlichen Lebensregeln als Nonne getan hat, wir wissen es nicht. Möglich, daß sie einer anderen Verwandten im Kloster, Magdalena von Staupitz, die das Siechenhaus leitete, bei der Pflege der kranken Nonnen half. Von der Krankenpflege und der Heilung durch Kräuter verstand sie einiges, wovon Luther später profitierte.

Braut Christi

Nicht gegen ihren Willen – dafür war Katharina von Bora zu jung, als sie ins Kloster Marienthron eintrat –, aber gewiß auch nicht aus persönlicher Überzeugung und freier Entscheidung nahm sie nach dem einjährigen Noviziat 1515 den Schleier. Die blonden Zöpfe wurden ihr abgeschnitten, kniend lernte sie beten. Danach wurde ihr der Leib Christi in den Arm gelegt. Sie gelobte vor Gott Keuschheit, Armut und Gehorsam.

Als »Braut Christi« schien ihr Leben bis zu ihrem Tode geregelt, ihre »Sünden« vergeben, obwohl sie bisher keine Gelegenheit hatte zu sündigen. Nie würde sie ihrer Familie zur Last fallen. Nicht nur materiell war für sie bis ans Lebensende gesorgt, auch ihr Seelenheil stand unter göttlicher Schirmherrschaft. Ob sie durch die Abtötung des Fleisches nach Vollkommenheit oder gar der eines heiligen Engels strebte, wir können es nur vermuten. Was Katharina von Bora innerlich bewegte, als sie das Gelübde ablegte, wissen wir nicht. Der Gehorsam, höchstes Ideal christlicher Orden, »tötete« ihren eigenen Willen, ehe sich dieser entfalten konnte. Jedenfalls hat sie nicht aufbegehrt, weil es für sie keine andere Wahl gab. Die Aufnahme in den Klosterorden galt auch nicht als Strafe für irgendeinen Ungehorsam, eine Sünde oder gar eine schlechte Tat – sie war vielmehr Ehre, Auszeichnung und Versorgung.

Nicht jedes junge Mädchen, das wünschte, eine »Braut Christi« zu sein, konnte dies werden. Ob Katharina um die Ehre, eine »Braut Christi« zu sein, von ihren Altersgenossinnen beneidet wurde, muß man jedoch bezweifeln. Von einer »leibhaftigen« Umarmung Christi, einer mystischen Hochzeit, wissen wir von Katharina von Bora nichts. Aber die Sehnsucht nach Liebe und einem geliebten Mann hat sie wohl gespürt. Sonst wäre sie dem Kloster nie entflohen.

Das Klosterleben war streng geregelt, vom Morgengebet bis zum Nachtgebet. Vom Klostereintritt bis zum Tod im Kloster. Die Nonnen im Kloster Marienthron waren, wie viele der Zisterzienserinnen, gebildete Frauen, sie konnten lesen und schreiben. Doch die Bibel dürften sie kaum gelesen haben, da es in Sachsen an einer deutschen Übersetzung noch fehlte, sie zwar etwas Latein, nicht aber Griechisch oder gar Hebräisch lesen konnten.

Für Katharina von Bora muß das Schweigegebot während der gemeinsamen Mahlzeiten besonders hart gewesen sein, da sie lebhaft war und gerne plauderte. Das Keuschheitsgebot scheint für sie kaum eine Qual gewesen zu sein wie auch das der Armut, da sie Reichtum nie gekannt hat. Die Armut war, wie die Keuschheit und der Gehorsam, ein Mittel zur Vollkommenheit und zu Gott.

Luther, damals noch ein frommer und keuscher Mönch, war dagegen, daß man junge Mädchen gegen ihren Willen in ein Kloster steckte. »Denn ein Weibsbild ist nicht geschaffen,

Jungfrau zu sein, sondern Kinder zu tragen. Wieviel meinst du, daß Nonnen in Klöster sind, die fröhlich und mit Lust ungezwungen ihren Gottesdienst tun und Orden tragen. Unter tausend kaum eine.«

Gewiß, es gab auch unkeusche Nonnen und Christi Bräute, die Kinder gebaren, oft von Mönchen aus den Nachbarklöstern. Aber in der Nähe von Marienthron lag kein Mönchskloster, das nächste war das Augustinerkloster in Grimma, aber das war zu weit, um dorthin vielleicht einen unterirdischen Gang zu bauen.

Luther hat das Kloster Marienthron nie besucht, aber in Grimma, nur wenige Kilometer entfernt, ist er mehrmals gewesen, um zu predigen. In dem dortigen Augustinerkloster hat Luther 1516 – ein Jahr vor dem Anschlag seiner Thesen in Wittenberg – als Distriktvikar visitiert und soll damals vor den Mönchen zum ersten Mal den Gedanken einer Kirchen- und Klosterreform geäußert haben.

Neben der Abtötung der Fleischeslust wurden im Kloster alle Laster wie Völlerei, Prahlerei, Neid, Geiz, Geldgier, Trägheit des Herzens, Stolz und Zorn, die sieben Todsünden, als besonders schwere Sünden betrachtet und mit »Strafen« belegt. Von Hochmut war Katharina von Bora jedoch nicht frei.

Zur Freudlosigkeit des Klosterlebens gehörte auch, daß den Nonnen das Lachen verboten war. Dafür durften sie zu jeder Zeit beten und vom Jenseits träumen. Aber es hat immer wieder Nonnen gegeben, die in der Einsamkeit und Eintönigkeit des Klosters Liebesbriefe schrieben.

Es kam auch nicht so selten vor, daß Nonnen ein Kind bekamen. Man nannte diese »gefallene Klosterjungfrauen«. Am Prinzip ihrer Jungfräulichkeit wurde trotz der Geburt und ihres Fehltritts festgehalten. Sie mußten ihre Kinder heimlich gebären, und sie wurden ihnen gleich nach der Geburt weggenommen.

Die Klöster boten im Mittelalter und auch noch in der Neuzeit den Frauen die einzige Möglichkeit, sich zu bilden und in den schönen Künsten, der Dichtkunst und der Buchmalerei zu üben. Katharina von Bora, die dreizehn Jahre im Kloster der Zisterzienserinnen lebte, war eine für ihre Zeit gebildete Frau. Hätte sie im Kloster nicht lesen gelernt, dann hätte die Nonne Katharina wohl bis an ihr Lebensende ein zurückgezogenes Klosterleben geführt. Erst durch die Schriften Luthers »Von der Freiheit eines Christenmenschen« (1520) erkannte sie, daß ein Leben in Freiheit und in der Welt sinnvoller und wohl auch christlicher war als eines hinter der Abgeschiedenheit von Klostermauern. Einige der Klöster hatten sich, inspiriert von Luthers Ideen, bereits aufgelöst. Nicht aber das Kloster Marienthron, wo Katharina mit einigen ihrer Klosterschwestern über ein Leben außerhalb des Klosters als freie Christin nachsann.

Neun Nonnen und ein Mönch

Das von der Außenwelt abgeschlossene Leben der Nonnen im Kloster Marienthron erfuhr eine Wende durch den Augustinermönch in Wittenberg, den sie zwar nur aus seinen Schriften und Taten kannten, der aber nicht nur sie, sondern auch den Papst und fast das ganze Abendland in Aufruhr versetzte, als er am Vortag zu Allerheiligen seine 95 Thesen wider den Ablaßhandel und die Kirche in Rom an der Wittenberger Schloßkirche annagelte. Das religiöse Weltereignis versetzte auch die Nonnen von Marienthron, etwa hundert Kilometer von Wittenberg entfernt, in helle Erregung. Die Aufsehen erregenden Inhalte von Luthers Thesen, die sich in Windeseile über Deutschland verbreiteten, machten auch vor den Klostermauern nicht halt.

Katharina von Bora war 1517 achtzehn Jahre alt, und seit über sieben Jahren lebte sie im Kloster. Ihre Jugend, ihr ausgeprägtes Selbstbewußtsein und ihr Freiheitswille dürften für Veränderungen in ihrem Leben sehr empfänglich gewesen sein. An einen Ausbruch aus der Stille des Klosters dachte sie zu dieser Zeit aber noch nicht, da sie dafür keine Möglichkeit sah.

Nicht nur Katharina von Bora, auch einige ihrer Klosterschwestern, die sich wie sie nach einem Leben außerhalb der festen Klostermauern sehnten, waren von Martin Luther, der es gewagt hatte, gegen den allmächtigen Papst in Rom seine Stimme zu erheben und sich bald auch vor dem Kaiser nicht beugte, begeistert. Voller Begeisterung dürften sie seine Schrift von der Freiheit des Christenmenschen studiert haben. »Ein Christenmensch ist ein freier Herr über alle Dinge und niemandem untertan.« Lebten sie etwa freiwillig im Kloster? Die Schrift Luthers begünstigte die Auflösung der Klöster in den kommenden Jahren. In einigen Klöstern hatten Nonnen bereits ihren Schleier abgelegt und geheiratet.

In ihrem seelischen Konflikt, dem Wunsch nach Freiheit, ohne ihr Gelübde zu brechen und ihren christlichen Glauben zu verlieren, schrieben einige der Nonnen vom Kloster Marienthron an Martin Luther. Unter ihnen war auch Katharina von Bora. Der Reformator, erfreut und überrascht über den Mut der Nonnen, riet ihnen, sich an ihre Eltern zu wenden, damit diese sie wieder aus dem Kloster, in das sie ihre Töchter gesteckt hatten, herausholten. Doch: »Wiewohl viele vom Adel und rechtschaffene Leute, in der Sache durch Gottes Gnade verständig, ihre Kinder oder Verwandte wohl gern heraus hätten, scheuen sie doch das Exempel, als die ersten die Bahn zu brechen«, so Luther nach der Absage der Eltern.

Da die Eltern der Nonnen nicht bereit waren, ihre Kinder aus dem Kloster zu nehmen, wollte Luther ihnen den Weg in die offene Welt bahnen. Doch wie? Der Reformator wußte, daß er selbst dies nicht tun konnte, zum einen war er zu bekannt, und als vom Papst Gebannter und vom Kaiser Geächteter war er vogelfrei. Luther bat darum seinen Freund Leonhard Koppe, der in Torgau wohnte, er möge doch die neun Nonnen aus dem Kloster Marienthron herausholen, auch wenn die Menschen ihn nachher beschimpfen würden. »Pfui, pfui, werden sie sagen, der Narr Leonhard Koppe hat sich durch den verdammten ketzerischen Mönch lassen fangen und fährt zu und führt neun Nonnen auf einmal aus dem Kloster und hilft ihnen, ihr Gelübde und klösterliches Leben zu verleugnen und zu verlassen«, schrieb er ihm.

Den »klugen und weisen Leonhard Koppe, Bürger zu Torgau, meinem besonderen Freunde,« bat der Mönch Martinus Luther recht inständig, doch geheim, die Nonnen zu befreien. »Wollte Gott, ich könnte auf solche oder andere Weise alle gefangenen Gewissen erretten und alle Klöster leer machen; ich wollte mich danach keineswegs scheuen, es zu bekennen samt allen, die dazu geholfen hätten.« Dennoch war Luther selbst dazu nicht bereit. Da er sich für die Nonnen jedoch verantwortlich fühlte, bat er seinen guten Freund Koppe, sie in seinem Namen zu befreien. In dem langen Brief nannte Luther ihm die Namen der Nonnen – er nennt sie »Jungfrauen« –, die er aus dem Kloster herausholen sollte: Magdalena von Staupitz, Elisabeth von Canitz, Veronika von Zeschau, Margarethe von Zeschau, ihre Schwester, Laneta von Gohlis, Ave Grosse, Katharina von Bora, Ave von Schönfeld und ihre Schwester Margarethe von Schönfeld.

Luther mußte Leonhard Koppe gut zureden, die neun Nonnen aus dem Kloster zu befreien. Eindringlich bat er seinen Freund, den Nonnen in ihrer Not zu helfen, auch wenn dies mit großen Schwierigkeiten verbunden war. Doch: »Not bricht Eisen und hat kein Ärgernis«, darum solle und müsse er diese mutige Tat wagen, »für mich und für diese Jungfrauen, auch für alle, die diesem Exempel wollen nachfolgen; bin auch gewiß, daß wir damit vor Gott und der Welt untadelig bestehen werden«. Und: »Der allmächtige Gott wolle gnädig erleuchten alle Verwandten derjenigen, die mit Gefahr und Unlust in Klöstern sind, daß sie ihnen treulich heraushelfen.«

Die Flucht in die Freiheit

Das Verlassen des Klosters war den Nonnen strengstens verboten. Wer ihnen zur Flucht verhalf, konnte mit dem Tode bestraft werden. Nur für Frauen aus fürstlichen Familien, die in einem Kloster lebten, gab es – gegen Geld – einen päpstlichen Dispens, eine Befreiung aus dem lebenslangen Gelübde.

Das Kloster Marienthron lag in der Nähe von Grimma. In Begleitung von Hans von der Planitz visitierte Luther das dortige Augustinerkloster. Der kursächsische Amtmann von Grimma hatte Luther 1519 bei der Leipziger Disputation mit Johannes Eck, Luthers Hauptgegner, in der Reformation wichtigen Beistand geleistet. Auch in Grimma setzte sich Planitz für die Reformation ein. Den Kirchgängern empfahl er, sie sollten das Gotteshaus verlassen, wenn die Bannbulle gegen Luther verlesen würde.

Die Stadt Grimma war ein Zentrum der Reformation. Südlich von Grimma lag das Kloster von Marienthron, und nördlich von Grimma lag Torgau, die Residenz des Kurfürsten. Wittenberg war die Mutter, Torgau die Amme der Reformation. Luther war in Torgau ein gerngesehener Gast. Die Stadt empfing ihn jeweils mit einem Ehrentrunk. Nach Wittenberg war Torgau die zweite »Lutherstadt«.

In Torgau lebte Leonhard Koppe, Luthers Freund, auch Köppe genannt. Koppes Mutter war Helene von Amsdorf, und Nikolaus von Amsdorf, Pfarrer in Wittenberg, ein Freund und Mitstreiter Luthers. Dieser war wahrscheinlich Koppes Onkel. Leonhard Koppe, der in Leipzig und Erfurt studiert hatte, war Kaufmann in Torgau und fünf Jahre, von 1504 bis 1509, Ratsherr der Stadt. Sein Vetter, Erasmus Koppe, war Bürgermeister von Torgau.

Der Kaufmann Koppe belieferte das Kloster Marienthron mit Fisch, Bier und Fastenspeisen. Es war Fastenzeit, als die Nonnen befreit wurden. Aber nicht er, ein Fuhrmann lieferte die Lebensmittel und Getränke im Kloster ab. Mit den Klosterinsassen muß Koppe aber persönlichen Kontakt besessen haben, denn nur er konnte den Termin der Flucht mit ihnen vereinbaren.

Nicht Koppe war es also, der den Nonnen in der Osternacht am 4. April 1523 – vielleicht war es auch der 5. oder 6. April – zur Flucht aus dem Kloster verhalf. Koppe organisierte nur die Flucht.

Katharina von Bora und acht ihrer Klosterschwestern warteten in der Osternacht aufgeregt und gewiß auch ängstlich, daß der Fuhrmann sie in Marienthron abholte. Luther hatte Koppe gebeten, daß die »Jungfrauen das Kloster göttlich verlassen mögen«. Zweifel werden sie dennoch überfallen haben.

Wahrscheinlich sind die neun Nonnen durch die Klosterpforte, die eine der Nonnen ihnen öffnete, geschlüpft und nicht, wie vielfach geschrieben, über die Klostermauern geklettert. Unter den fliehenden Nonnen war auch eine Tante von Katharina von Bora, Magdalena von Staupitz, die als Siechenmeisterin im Kloster lebte, also bereits eine Vertrauensposition bekleidete. (Sie kam nach Katharinas Heirat mit Luther als Muhme Lene in das »Schwarze Kloster«, um die Luther-Kinder zu betreuen.)

Nach Meinung Luthers hatten die Nonnen ein Recht, das Kloster zu verlassen. Die Frömmigkeit hatte allgemein abgenommen und war in Verfall geraten. Die Nonnen seien deshalb nicht mehr an ihr Gelübde des Gehorsams gebunden. »Wunderlich war, daß die Flucht glückte«, meinte Luther später. Denn die Nonnen trugen noch ihre Klostergewänder, waren also überall erkennbar, und bis Torgau dauerte die Fahrt immerhin drei Stunden. Welche Gedanken die Nonnen bewegten, nachdem sie das Kloster verlassen hatten, kann man sich nur ausmalen. Aufzeichnungen darüber existieren nicht. Daß ihnen der Fuhrmann die Heringstonnen, mit denen er sonst die Klöster belieferte, überstülpte, ist wohl eine Legende.

In ziemlich eiliger Fahrt fuhr der Fuhrmann von Leonhard Koppe mit den Nonnen über Grimma nach Torgau, wo sie jubelnd von den Bürgern der Stadt am Ostersonntag begrüßt wurden. Zuerst einmal gingen sie in die Kirche, um zu beten. Obwohl die Stadt Torgau die entflohenen Nonnen herzlich empfing, behalten wollte man sie dort aber nicht. Torgau lag zu nahe an dem Kloster Marienthron, man hätte sie jederzeit zurück entführen können. (Leonhard Koppes Vetter Hans beteiligte sich zwei Jahre später beim Sturm auf das Franziskanerkloster.)

Die Freiheit war und ist zu allen Zeiten mit Risiken und Unsicherheiten verbunden. Für die Nonnen, die noch nie ihr Leben frei gestaltet hatten, kam eine Zeit großer Unsicherheit und Ungewißheit. Ihre Eltern und Verwandten wollten sie nicht aufnehmen, aus Angst vor Repressalien durch die Kirche. Katharina von Boras Eltern waren schon tot und ihre drei Brüder in unsicheren Stellungen, einer bei Hofe von Kurfürst Georg von Sachsen, einem großen Gegner Luthers. Geld besaßen sie nicht und kannten sie nicht. Erst einige Jahre später erhielten sie das Geld, das ihre Eltern bei ihrem Eintritt ins Kloster eingezahlt hatten, zurück. Außer ihren Nonnengewändern besaßen sie auch keine Kleider.

Martin Luther, der sich für die geflohenen Nonnen verantwortlich fühlte, selbst aber als Mönch, der er noch war, kein Geld besaß, bat seinen Freund Georg Spalatin, der Ratgeber von Friedrich dem Weisen in Wittenberg war, in der Kirche für die armen und heimatlos gewordenen Nonnen zu sammeln. Freunde von Luther und Leonhard Koppe nahmen die Klosterflüchtlinge vorübergehend auf. Katharina von Bora, wohl die merkwürdigste von ihnen, kam zunächst zu dem damaligen Gerichtsschreiber Philipp Reichenbach. Friedrich der Weise verhielt sich weise, gab ihnen Geld und hielt dies, wie ihm Luther geraten, geheim. Als sich die Äbtissin vom Kloster Marienthron bei ihm über die Flucht der neun Nonnen aus ihrem Kloster beklagte, schrieb er ihr: »Nachdem wir nit wissen, wie es um diese Sach gewandt und wer die Klosterjungfrauen zu diesem Fürnehmen verursacht und wir uns bis anher dieser und dergleichen Sachen nie angenommen, so lassen wirs bei ihrer selbst Verantwortung bleiben.« Dies stimmt nicht ganz, denn Luther hatte die Verantwortung für die Flucht übernommen.

Im Hause von Lucas Cranach

In Torgau konnten und wollten die Nonnen nicht bleiben. Und da von den Verwandten nur einige daran dachten, ihre aus dem Kloster entflohenen Töchter bei sich zu Hause aufzunehmen, holte sie Luther nach Wittenberg, und die Wittenberger bemühten sich, sie zu verheiraten. »Guter Gott, unsere Wittenberger wollen nun auch noch den Mönchen Weiber geben. Aber mir sollen sie keins aufdrängen«, soll Luther gesagt haben. Ave von Schönfeld, die er gerne zur Frau gehabt hätte, heiratete den Doktor Basilius Axt. (Luther hat das Schloß der Familie von Schönfeld in Löbnitz, nördlich von Leipzig, später besucht und in der Kirche gepredigt. Das Schloß der Familie stand dort, wo heute eine Tankstelle steht.)

In seinem Kloster, das »Schwarze Kloster« von Wittenberg, das nach dem Auszug von Johannes von Staupitz fast leer stand, konnte Luther die ehemaligen Nonnen nicht beherbergen. Dies hätte zu üblen Redereien in der kleinen Stadt Wittenberg geführt. Er wollte daher Katharina von Bora mit dem Rektor der Wittenberger Universität, Kaspar Glatz, verheiraten, der später Pastor von Orlamünde war. Aber Katharina, obwohl sehr an einer Heirat interessiert, wollte ihn nicht als Ehemann haben. Fast empört wies sie den Vorschlag, Glatz zu heiraten, zurück und fragte Nikolaus von Amsdorf, Luthers Freund und Mitstreiter, warum der Reformator ausgerechnet zwischen ihr und Glatz eine Heirat stiften wolle. Sie wolle und könne diesen nicht nehmen, wollten aber er oder gar Luther sie heiraten, so wäre sie nicht dagegen.

Da sich für Katharina von Bora zunächst niemand fand, den sie und der sie heiraten wollte, kam sie vermutlich in das Haus von Lucas Cranach. Der Maler, schon berühmt zu seinen Lebzeiten, war ein Freund Luthers. Nach Albrecht Dürer war Cranach der bedeutendste deutsche Maler und Graphiker seiner Zeit. Er war Hofmaler des sächsischen Kurfürsten, Bürgermeister von Wittenberg und hatte in seinem Renaissance-Bau am Rathausplatz eine Künstlerwerkstatt eingerichtet. In seinem großen Haus, 1512 gebaut, in dem sich bis vor einigen Jahren noch Cranachs Apotheke befand, wurde Katharina von Bora bis zu ihrer Heirat von der Familie freundlich aufgenommen. (Lucas Cranach verdanken wir mehrere Porträts nicht nur von Luther, sondern auch von Katharina Luther.) Ehe sich Katharina von Bora mit Martin Luther verlobte und am selben Tag verheiratete, erlebte sie eine traurige Liebesgeschichte. Hieronymus Baumgärtner, ein Patriziersohn aus Nürnberg, der in Wittenberg studiert hatte, besuchte seine alten Studienfreunde und Philipp Melanchthon, Luthers Freund. Katharina von Bora verliebte sich in ihn und er sich in sie. Beide wollten heiraten, und Luther, der sich für Katharina von Boras Zukunft verantwortlich fühlte, hätte es gerne gesehen, wenn die beiden geheiratet hätten. Doch, um sie zu heiraten, brauchte Hieronymus Baumgärtner die Erlaubnis seiner Eltern.

Mit dem Versprechen, nach Wittenberg wiederzukommen, reiste er nach Nürnberg und kehrte nie wieder nach Wittenberg zurück. Als Katharina vor Liebeskummer krank wurde, tröstete Luther sie und schrieb Hieronymus einen Brief.

»Hieronymus Baumgärtner, dem an Frömmigkeit und Bildung hervorragendsten jungen Mann in Nürnberg, seine liebsten Freunde in Christus . . .

Übrigens, wenn Du Deine Käthe von Bora halten willst, mußt Du Dich beeilen, bevor sie einem anderen gegeben wird, der bei der Hand ist. Sie hat die Liebe zu Dir noch nicht verwunden. Ich würde mich wirklich freuen, wenn Ihr beiden miteinander verbunden würdet.

Lebe wohl. Wittenberg, am 12. Oktober 1524.

Martinus Luther«.

Luther blieb, auch nachdem er Katharina von Bora geheiratet hatte, mit Hieronymus Baumgärtner brieflich verbunden. Im Oktober 1541 schrieb er seinem »Liebsten Freunde im Herrn«, er möge ein Findelkind, das ein Engländer bei ihm hinterlassen hatte, in einem Nürnberger Findelhaus unterbringen.

»Es grüßt Dich ehrerbietig Deine ehemalige Flamme, die Dich schon ob Deiner berühmten Tugenden mit neuer Liebe verehrt und Deinem Namen von Herzen wohl will.«

Der »andere« war der schon erwähnte Kaspar Glatz, den Katharina von Bora aber nicht haben wollte. Wenn aber der Herr von Amsdorf oder gar Luther sie heiraten wollte, dann würde sie nicht »nein« sagen, versicherte sie erneut.

Und Luther? Was tat und dachte er zu dieser Zeit? Alle Augustinermönche hatten das Schwarze Kloster verlassen. Als letzter war sein Freund, Beichtvater und Vertrauter, Johann von Staupitz, aus Wittenberg gegangen, nachdem er Luther aus der Gehorsamspflicht gegenüber dem Orden gelöst hatte. Staupitz ging in das Benediktinerkloster nach Salzburg, wo er ein Jahr später starb. Luthers Freund und Mitstreiter Philipp Melanchthon war verheiratet, und auch Johannes Bugenhagen, sein engster Freund und Pfarrer der Stadtkirche, hatte sich eine Frau genommen, mit der er in einem großen Haus an der Stadtkirche lebte. (In dem »Bugenhagenhaus« diskutierten im September und Oktober Jugendliche vor der November-Revolution 1989 mit Pfarrer Friedrich Schorlemmer vom »Demokratischen Aufbruch« über eine politische Reform.)

Nur hundert Meter von Bugenhagens Haus entfernt wohnte Lucas Cranach, den Luther in seiner Einsamkeit immer häufiger besuchte, wenn er nicht in dem »Gasthof zum Goldenen Adler«, daneben, einkehrte. (In dem Hotel wohnte ich während meiner Wittenberger Studien.) Im Haus des großen Malers lebte seit einiger Zeit Katharina von Bora. Als der König von Dänemark, Christian II. (1481–1559), Wittenberg besuchte und Gast im Hause Cranachs war, schenkte er Katharina von Bora einen goldenen Ring. Zwischen dem dänischen Königshaus und dem sächsischen Kurfürsten bestanden enge verwandtschaftliche Beziehungen.

Hochzeit im Schwarzen Kloster

So sehnlich sich Katharina von Bora auch wünschte, dem Manne zu begegnen, den sie heiraten wollte und der auch sie zur Ehefrau wünschte: Luther, der ihr gefiel, dachte immer noch nicht daran, sich zu verheiraten. »Mein Sinn ist fern von Heiraten, da ich täglich den Tod und die Strafe des Ketzers erwartete«, sagte er zu Freunden noch wenige Tage vor seiner Heirat.

Konnte er, der noch immer unter dem Bann des Papstes und unter der Reichsacht stand, es verantworten, sich eine Frau zu nehmen? Luther wußte, daß in den Niederlanden viele Ketzer ermordet wurden. Für eine Ehe fühlte er sich, da er nun dreiundvierzig Jahre alt war und bisher ein mönchisches und keusches Leben geführt hatte, wenig geeignet. Aber Luther war einsam.

Da geschah das Überraschende. Ohne große Vorankündigung heiratete Luther am 13. Juni 1525 die ehemalige Zisterziensernonne Katharina von Bora. »Gott hat es also gefügt, daß ich mich ihrer erbarmet habe«, sagte Luther später in seinen berühmten Tischreden.

Sein Freund Justus Jonas, der Pfarrer in Halle war, hatte sich schon vor drei Jahren verheiratet. Luthers Freund und Nachbar Philipp Melanchthon war dagegen, daß der Reformator in den Ehestand trat, da er fürchtete, daß er nun noch mehr angefeindet würde. »In dieser unseligen Zeit, da Deutschland seine Kraft so nötig hat, schädigt er sein Ansehen durch diese unglückselige Tat.«

Luther reagierte auf die Kritik mit Gelassenheit und ließ sich dadurch von seinem Entschluß nicht abhalten. »Nur bei mir findet die Welt und finden die Weisen alles ruchlos und teuflisch.«

Als Katharina von Bora Martin Luther heiratete, war dieser nicht nur weit über Deutschland hinaus als Reformator und Erneuerer der christlichen Kirche bekannt, er war auch ein gut aussehender Mann im besten Mannesalter. Mit der Mönchskutte hatte er 1524 nicht nur sein frommes Aussehen abgelegt; er spazierte jetzt im schwarzen Gelehrten-Talar durch Wittenberg.

Die Begegnungen mit Fürsten und dem mächtigen Kaiser, mit päpstlichen Legaten und den berühmtesten Männern seiner Zeit hatten aus dem einfachen Mönch einen »Weltmann« mit sicherem Auftreten gemacht. Schon durch seinen (unfreiwilligen) Aufenthalt auf der Wartburg als Junker Jörg hatte sich sein Aussehen verändert. Nach dem Porträt, das Lucas Cranach damals von ihm malte, war Luther ein Mann mit energischen und glatten Gesichtszügen, einer eleganten Haar- und Barttracht. Von seiner bäuerlichen Herkunft war nichts mehr an ihm erkennbar.

Katharina von Bora, zur Zeit ihrer Heirat sechsundzwanzig Jahre alt, stand an der Schwelle von der jungen zur reifen Frau, wenn sie gewiß auch noch eine Jungfrau war. Ihre klaren Gesichtszüge und ihr offener Blick zeugten von starkem Selbstbewußtsein.

Ihre Heirat mit Luther wurde, obwohl damals nicht erforderlich, zwar vor Gott, aber nicht im Himmel geschlossen. Den Ehevertrag verfaßte der Jurist Johann Apel, Professor für Jurisprudenz der Wittenberger Universität, der bereits mit einer Nonne verheiratet war.

Am 13. Juni traten also die ehemalige Zisterziensernonne Katharina von Bora und der ehemalige Augustinermönch Martin Luther im Schwarzen Kloster vor den Traualtar.

Die weltliche Heirat vor der Öffentlichkeit, meist jedoch vor und nicht in der Kirche, genügte zu dieser Zeit, aber Katharina von Bora und Martin Luther, beide fromme Christen, wünschten den christlichen Segen vor dem Altar Gottes in der Kirche. Bugenhagen, der Stadtpfarrer, traute das Paar in Schloßkirche.

Für beide Brautleute bedeutete der Entschluß zur Ehe einen endgültigen Bruch mit dem Gelübde der Keuschheit und der Ehelosigkeit. Katharina, die einstige Klosterjungfrau, versprach im Namen der Heiligen Dreieinigkeit eine aufrichtige christliche Ehe. Katharinas Ehering mit einem Rubin und dem gekreuzigten Christus war ein Geschenk Luthers. Der goldene Ehering Luthers war ein Geschenk seiner Freunde. Er trug die Inschrift: »Was Gott zusammenfüget, soll kein Mensch scheiden.«

Freunde hatten ihr zu ihrer Eheschließung einen kostbaren Schleier geschenkt.

Kurfürst Johann, Bruder des am 5. Mai verstorbenen Friedrich der Weise, schenkte dem Paar 100 Gulden und bewilligte ihm für die Zukunft ein monatliches Gehalt von 200 Gulden. Der Mainzer Kurfürst und Magdeburger Erzbischof Albrecht, ein Gegner der Reformation, schickte 50 Gulden, die Luther zurückwies, die Katharina jedoch heimlich annahm.

In einem Bericht von 1630 steht über die Heirat von Katharina von Bora mit Martin Luther: »Käthe von Bora ist zu dem Stadtschreiber Herrn M. Philipp Reichenbacher gekommen. Und da sie sich still und wohl verhalten, welches Luther bewogen, daß er unversehens den 13. Juni 1525 mit Herrn Dr. Pommer (Johannes Bugenhagen, der aus Pommern stammte), Lucas Cranach, sonst auch Lucas Maler genannt, damals Ratsverwandter, hernach aber Bürgermeister, und einem Juristen Apel in des Stadtschreibers Haus sich verfügt und demselben um Jungfer Käthe von Bora geworben, die anfänglich nicht gewußt, ob es Ernst gewesen und sei solches bemerkte, darein gewilligt und weil man damals mehr Gäste zu bewirten nicht so gefaß gewesen, ist ein ehrlich öffentliche Verlöbnis des andern Tags gehalten worden.« Lucas Cranach hat diesem Bericht zufolge wohl die Vormundschaft über Katharina von Bora übernommen.

Von Luthers Heiratsentschluß war nicht nur Katharina von Bora, obwohl es ihr großer Wunsch gewesen, ihn zu heiraten, überrascht. Philipp Melanchthon, der zunächst gegen Luthers Heirat war, nun aber, da sie vollzogen, ihm zustimmte, schrieb an Joachim Camerarius, Hebräist und Gräzist, den Luther aus seiner Erfurter Zeit kannte und den er bewunderte: »Am 13. Juni heiratete Luther die Bora, ohne daß er seine Freunde von der Sache in Kenntnis gesetzt hätte, er lud lediglich Pomeranus (Johannes Bugenhagen), den Maler Lucas und den Rechtsgelehrten Apellus (Johann Apel) zum Abendessen ein und veranstaltete die übliche Hochzeitsfeier. Sollte von etwas Ungeschicklichem geredet werden, so ist das offenbar Lüge und Verleumdung.« Es wurde über die plötzliche Heirat Luthers mit der ehemaligen Nonne nicht nur in Wittenberg viel geredet und gelästert.

Nach der Trauung wurde im Schwarzen Kloster mit den engsten Freunden, Lucas Cranach und seiner Frau Barbara, Pfarrer Bugenhagen und Johann Apel gefeiert.

Am Morgen nach der Brautnacht bereitete Katharina ihrem Ehemann Martin Luther und den Zeugen des Brautlagers ein festliches Frühstück. Der Rat der Stadt Wittenberg hatte dafür Rhein- und Frankenwein gestiftet. Doch die Hochzeit stand unter keinem glücklichen Stern. Der Bauernkrieg war noch nicht beendet und in den Dörfern herrschten große Unruhen. »Noch rauchen überall die zerstörten Dörfer, tausend von Bauern werden in Ketten abgeführt, die Flüsse sind rot von vergossenem Blut«, hieß es in einem zeitgenössischen Bericht. Klöster wurden geplündert, Nonnen ermordet. Luthers Freunde waren deshalb auch über den Zeitpunkt seiner Heirat empört. »Aber der Mann ist ja so leicht zu behandeln. Die Nonnen, die sich auf alle Künste verstehen, haben ihn an die Leine gelegt. Schon der Umgang mit den Nonnen, so edel denkend und großmütig Luther ist, hat ihn verweichlicht; seine Natur fing wohl auch Feuer. Und so scheint er hereingefallen zu sein und diesen sehr unzeitigen Wechsel seines Lebens vorgenommen zu haben«, meinte sein Mitstreiter Melanchthon.

Der berühmte Humanist Erasmus von Rotterdam, ein unehelicher Sohn eines Priesters, verbreitete die Meldung, Katharina von Bora erwarte in wenigen Wochen ein Kind von Luther. Diese Falschmeldung mußte Luthers späterer Gegenspieler bald widerrufen.

Luther meinte, er habe mit seiner Heirat sein Leben und die Reformation gekrönt. »Das Zölibat, möchte es noch so sehr in der Praxis mißachtet werden, war noch immer eine der wichtigsten Positionen der römischen Kirche. Um das Zölibat, oder seine Aufhebung, ist als einem der Hauptpunkte im Streit gefochten worden über Luthers Tod hinaus«, so Richard Friedenthal.

»Ich hoffe, die Engel werden lachen und alle Dämonen weinen. Den Lästerern habe ich das Maul gestopft durch meine Ehe mit Katharina von Bora«, schrieb Luther an Spalatin, seinen Freund und Berater. Zu oft hatte er gepredigt, daß die Ehe von Gott gewollt sei, nun gab er ein Beispiel für seine Überzeugung. Drei Tage vor der Hochzeit schrieb er dem gleichaltrigen

Freund, er solle doch dem Kurfürsten raten, seine Verheiratung nicht zu verschieben. »Denn keines Herzens steht in seiner Gewalt, der Teufel ist überaus mächtig, weil er auch die, die schon verbunden sind, häufig trennt«, schrieb Luther an Spalatin, Ratgeber von Friedrich dem Weisen. Auch Luther hatte es plötzlich eilig gehabt, Katharina von Bora zu heiraten.

Die Hochzeitsfeier mit großem »Gepränge« war erst vierzehn Tage nach der Trauung in der Schloßkirche. Luther hatte dazu seine Eltern und alle seine Freunde eingeladen. Auch Leonhard Koppe, den »Befreier« und Fluchthelfer von Katharina. Der aber konnte von Torgau nicht nach Wittenberg kommen, schickte für die Hochzeitsfeier jedoch ein Faß Bier. Luther hatte sich vor der großen Feier um alles, um Essen und Trinken, selbst gekümmert.

»Mein Hochzeitsmahl soll am Dienstag stattfinden und die Hauptmahlzeit soll an diesem Vormittag eingenommen werden. Das Wildbret darf ja nicht zu spät kommen«, hatte er einem seiner Freunde geschrieben und auch: »Ich möchte das Gepränge für die gewöhnlichen Gäste an einem Tage abmachen.« Seine Gäste hatte Luther gebeten, keine Geschenke mitzubringen – auch keine silbernen Becher, die damals beliebte Hochzeitsgeschenke und spätere »Notgroschen« waren, indem man sie »versilberte«. Die Universität Wittenberg schenkte dem Paar dennoch einen Prunkbecher.

Für Katharina von Bora erfüllte sich nach der Heirat mit Martin Luther der Wunsch nach einer Familie. Ob es ein Jugendtraum von ihr war, wissen wir nicht. Auf Wunsch der Familie hatte sie den Schleier Christi genommen und das Gelübde der Keuschheit abgelegt. Hinter den Klostermauern war sie fromm, aber nicht glücklich geworden. Hätte sie als Nonne die Erfüllung ihres Lebens gesehen, wäre sie in der Osternacht vor gut zwei Jahren nicht aus dem Kloster geflohen. Die Frömmigkeit und ihren Glauben legte sie jedoch nicht mit ihrer Heirat ab.

Was die Ehe mit Luther für sie bedeutete, konnte sie bei der Hochzeit kaum geahnt haben. Zwar wußte Katharina um Luthers große Bedeutung für die Reform der Kirche, kannte die Macht seines Wortes, durch die auch sie »verführt« worden war, und bewunderte seinen Mut, den er nicht nur gegenüber dem Kaiser und dem Papst bewiesen hatte. Auch bei der Vorbereitung ihrer Flucht aus dem Kloster Marienthron hatte er seinen Mut unter Beweis gestellt, denn auf die Befreiung von Nonnen stand damals noch die Todesstrafe.

Doch nicht aus Dankbarkeit hatte sie den Reformator geheiratet. Sie war von seinem christlichen Glauben überzeugt. Mit ihm glaubte sie eine christliche Ehe führen zu können. Ein Mann, der wie sie das Gelübde der Keuschheit und des Gehorsams gebrochen hatte, mag ihr als Ehemann geeigneter als alle die anderen Männer, die man ihr zur Heirat »angeboten« hatte, erschienen sein. Ihre Ehe mit Martin Luther bedeutete für Katharina auch eine Zuflucht in die Geborgenheit, die sie mit ihrem Ordensaustritt verloren hatte. Luther war durch seinen Austritt aus dem Mönchsorden nicht in eine unsichere und fremde Welt geflohen. Er war im Kloster wohnen geblieben.

Katharina von Boras Hochzeit mit Martin Luther erregte weit über Wittenberg hinaus großes Aufsehen. Das Jahr 1525, in dem Katharina und Luther heirateten, war nach der »geglückten« Reformation eines der unruhigsten Jahre in Deutschland. Die Bauern bekämpften sich nicht nur aus religiösen Motiven, materielle und politische Gründen standen vielmehr im Vordergrund bei den blutigen Metzeleien in den Dörfern. Kurz vor seiner Hochzeit ermahnte Luther die Bauern, ihren Aufstand zu beenden und zum Frieden zurückzukehren, wenn er auch die Herrschaft des Adels kritisierte. »Ihr schmiedet und schatzt, euern Pracht und Hochmuth zu führen, bis der arme gemeine Mann nicht kann noch mag länger ertragen.« Doch: »Daß die Obrigkeit böse und ungerecht ist, entschuldigt keine Rotterei noch Aufruhr.«

Aus dem Schutz und der Geborgenheit hinter den Klostermauern entflohen, war Katharina von Bora in die Geborgenheit und den Schutz der Ehe »geflüchtet«. Sie kehrte zurück in ein Kloster. Aber das Schwarze Augustinerkloster zu Wittenberg stand jetzt offen für alle Menschen. Ihre Entscheidung, Luther zu heiraten, war ihr freier Entschluß. »Den Martin Luther möchte ich gern nehmen.«

Für Katharina von Bora war es ein inniger Wunsch gewesen, Martin Luther zu heiraten, für den Reformator eine reformatorische Pflicht. Er folgte mehr seiner Vernunft als seinem Herzen. Aber wohl auch seinem Gewissen und seiner Sehnsucht nach einem Weibe.

Luthers Gegner, deren Zahl zwar geringer war als die seiner Anhänger, sahen in seiner Eheschließung einen weiteren Beweis dafür, daß er sich gegen die katholische Kirche und den Papst bewußt auflehnte. Aber das focht ihn nicht mehr an, er war Angriffe von dieser Seite gewohnt. Katharina von Bora hat mit der Kirche öffentlich nie gebrochen, auch wenn sie das Kloster verlassen und ihr Keuschheitsgelübde gebrochen hat. Daß sie Luther heiratete, dafür hatte in Wittenberg, wo sie rasch bekannt war, wohl jeder Verständnis, besonders Lucas Cranach, der die Heirat mit Luther gefördert hatte.

Nur seine Gegner, aber auch einige seiner Freunde, zeigten sich über die Heirat mit der ehemaligen Nonne tief besorgt. Neben Philipp Melanchthon war es Hieronymus Schurff, Luthers Freund und Rechtsbeistand auf dem Reichstag zu Worms, der gegen die Eheschließung gewesen war. »Wenn dieser Mönch ein Weib nimmt, wird alle Welt und der Teufel selbst lachen und dieser wird sein ganzes bisheriges Werk zunichte machen.« Aber Luther hörte nicht auf seinen einstigen Rechtsbeistand und auch nicht auf die Stimme des Teufels, die er längst nicht mehr fürchtete.

Ob Luther in seiner Eheschließung eine »Anstößigkeit« sah, wie Heiko Obermann in seinem Buch »Luther« behauptet, ist kaum anzunehmen. Im Gegenteil.

Für Katharina von Bora war ihre Heirat mit Luther die wohl glücklichste Entscheidung ihres Lebens. Für Luther war sie eine Gewissensentscheidung. Entscheidend war schließlich sein Alter. Er fürchtete ernsthaft, nur noch ein Jahr zu leben. »Eine kurze Zeit noch, so kommt der gerechte Richter. Ihm zum Trotz will ich meine Käthe zur Ehe nehmen, ehe ich denn sterbe. Ich lasse mir doch nicht meinen Mut und meine Freude nehmen«, schrieb Luther im Mai 1525, also kurz vor seiner Hochzeit, an einen Freund.

Liebe war es nicht, vielleicht sogar Mitleid und »Erbarmen«, daß Luther die ehemalige Nonne, die kein richtiges Zuhause besaß, heiratete, um ihr Schutz und Geborgenheit zu geben. »Lieb hatte ich meine Käthe damals nicht«, sagte er später, als aus der Zuneigung eine tiefe gegenseitige Liebe geworden war.

Martin Luther

Das Leben von Martin Luther, von seiner Geburt im Jahre 1483 in Eisleben bis zu seinem Tode 1546 an seinem Geburtsort, ist bekannt wie kaum ein anderes eines Deutschen. Und kein Deutscher wurde bis in die Gegenwart so bewundert, verehrt, kritisiert und angefeindet wie er. Neue Tatsachen aus seinem Leben sind kaum noch zu entdecken, wohl aber neue Erkenntnisse aus einer neuen Sicht seines Lebens, das die Menschen bis zum heutigen Tage wegen seiner Außerordentlichkeit und Einmaligkeit bewegt.

Der Bauernsohn

Seine bäuerliche Herkunft hat Martin Luther auch als weltberühmter Reformator nie verleugnet. »Ich bin eines Bauern Sohn, Vater, Großvater und Ahn sind rechte Bauern gewesen«, bemerkte Luther zu seiner Herkunft, als er schon ein berühmter Mann war. »Im Jahre 1483 bin ich, Martin Luther, geboren von einem Vater Johannes Luther und meiner Mutter Margaretha. Ich bin eines Bauern Sohn. Die Mutter hat all ihr Holz auf dem Rücken zusammengetragen, also haben sie ihn erzogen.«

Doch schon sein Vater, Hans Luder, wie er sich schrieb, war ein sozialer Aufsteiger, wie wir heute sagen würden. Er hatte es in seinem langen Leben – er lebte von 1458 bis 1530 – zu Besitz und öffentlichem Ansehen in Mansfeld, wo er mit seiner Familie seit 1484 wohnte, gebracht. Auch war er kein Bauer gewesen, sondern Bergmann, was jedoch noch weniger bedeutete,

Martin Luther,
Gemälde von Lucas Cranach aus dem Jahre 1526

Hans Luder, Luthers Vater,
Gemälde von Lucas Cranach aus dem Jahre 1527

als ein Bauer zu sein. Nach dem damaligen Erbrecht erbte nicht der älteste Sohn den Bauernhof, sondern der jüngste Nachkomme. Und Hans Luder war der älteste Sohn, so daß er den elterlichen Hof schon ein Jahr nach Luthers Geburt verlassen mußte, um in Mansfeld, wo es am südlichen Harzrand reichlich Kupfer gab, als Bergmann das Geld für seine große Familie zu verdienen. Die Arbeit war hart, wurde aber gut bezahlt. Von dem Ersparten konnten sich Vater Luder und seine Frau Margaretha geb. Lindemann – auch sie stammte von einem Bauernhof – Anteile der Kupferhütte »Herdfeuer« erwerben und sich an den Schächten beteiligen, so daß sie ihren zweitältesten Sohn Martin auf die Lateinschule schicken konnten. Mit dem Besitz gelangte Vater Luder zu gesellschaftlichem Ansehen und saß im Stadtrat von Mansfeld. Der Mansfelder Kupferbergbau bestand noch bis 1990.

Vater Hans Luder hatte ehrgeizige Pläne mit seinem zweiten, am 10. November 1483 geborenen Sohn Martin. Der kleine Junge war erst fünf Jahre alt, als ihn der Vater auf die Schule in Mansfeld schickte. Dann kam er in die Schule in das ferne Magdeburg. Dort wohnte Martin Luther bei den »frommen Brüdern vom gemeinsamen Leben«. In der Bistumsstadt, später ein Zentrum der Reformation, begegnete Luther dem Fürsten von Anhalt, der als Franziskanermönch mit der Betteltasche durch die Stadt zog.

Von Magdeburg kam Martin Luther nach Eisenach, wo er drei Jahre, von 1498 bis 1501, die Pfarrschule St. Georg besuchte. Die Familie seiner Mutter stammte aus Eisenach. Die thüringische Stadt war damals ein »Pfaffennest« mit sieben Klöstern, drei Kirchen und über dreihundert Geistlichen bei nur dreitausend Einwohnern. Luther wohnte im Hause Schalbe neben der Kirche St. Georg und verdiente sich, wie viele seiner Mitschüler, als Kurrendesänger mehr als nur sein Taschengeld. »Verachtet nur nicht die Gesellen, die vor der Tür den Brotreigen singen, um sich Geld zu verdienen. Ich bin auch ein solcher gewesen und habe das Brot vor den Häusern genommen, sonderlich zu Eisenach, in meiner lieben Stadt.«

Das Haus der Familie Cotta-Schalbe in Eisenach

Lutherhaus in Eisenach, ehemaliges Cotta-Haus, heute

Beim Singen vor den Bürgerhäusern wurde Ursula Cotta auf ihn aufmerksam. Ihr Vater Heinrich Schalbe, ein angesehener Kaufmann, besaß das stattliche Bürgerhaus an der Kirche St.

Georg, unweit der Schule. »Hier kam ich in das Haus eines Eisenacher Bürgers Heinrich Schalbe, dessen Sohn ich zur Schule führen mußte. Und ich fand Unterkunft bei einer andächtigen Matrone, die um meines andächtigen Singens und Betens willen eine sehnliche Zuneigung zu mir trug. Das war Frau Ursula Cotta.« (Das Haus ist heute Lutherhaus mit Luthergedenkstätte.)

Martin Luther sollte einmal die Universität besuchen im nahen und damals berühmten Erfurt. Die Rechte sollte er dem Wunsche des Vaters entsprechend studieren, um dem Landesfürsten und vielleicht auch einmal dem Vater Rechtsbeistand zu leisten. Der »Sachsenspiegel«, das öffentliche Recht für die Sachsen, zwischen 1220 und 1235 verfaßt, galt damals in fast allen deutschen Landen, vor allem für das Land- und Lehnsrecht. Aber auch für die Rechte der Frau. Frauen mußten erst ihrem Vater und dann ihrem Manne Gehorsam leisten.

Martin Luther war einundzwanzig Jahre alt, als er in Erfurt Studiosus der Rechte wurde. Die Studenten trugen damals eine Uniform, die der Priesterkleidung ziemlich ähnlich war. Vater Hans Luder blickte stolz auf seinen Sohn Martin und war zufrieden, daß er in der »Artistenfakultät« studierte.

Luther war ein fleißiger und fröhlicher Student. Da geschah am 2. Juli 1505 was niemand erwartet hatte, selbst Luther nicht. Wenige Monate nach seinem Magister-Examen wanderte Luther nach Gotha, um sich Bücher für sein nun beginnendes Jurastudium zu besorgen. Auf dem ziemlich langen Weg wurde er in Stotternheim von einem heftigen Gewitter überrascht. Wahrscheinlich wollte er noch seine Eltern in Mansfeld besuchen. Ein Blitz soll direkt neben ihm eingeschlagen haben. Luther wurde von dem Blitzstrahl zwar nicht hart getroffen, doch war er von dem Ereignis so tief betroffen, daß er glaubte, dem Tod und dem Teufel ins schreckliche Antlitz geblickt zu haben. Sein Jugendfreund Alexis war von einem Blitz getötet worden. Der Glaube an über- und außerirdische Kräfte, an Gott und Engel, aber auch an Teufel, Hexen und böse Geister war auch zum Beginn der Neuzeit bei den Menschen tief verwurzelt. Sie glaubten, Gewitter seien ein Werk des Teufels und des Bösen. Bei Gewitter wurde von den Kanzeln gegen Hexen und Teufel gewettert. Besonders auf dem Lande war der Teufels- und Hexenglaube noch stark verbreitet. Und Luther war ein Kind vom Lande, wenn er auch in Erfurt studierte.

Vom Entsetzen gepackt, kniete Luther während des Gewitters nieder und rief laut: »Hilf du, heilige Anna, ich will ein Mönch werden.« Er hatte in dem Gewitter eine Versuchung des Teufels gesehen. Und da er ein gläubiger Mensch war, der auch an den Teufel glaubte, gelobte er, in ein Kloster einzutreten. »Dieser Blitz hat in Deutschland ein großes Licht verbreitet, indem er den jungen Luther, der die Rechte studieren wollte, ins Kloster trieb«, Goethe.

Als sein Vater von der Absicht seines intelligenten Sohnes hörte, kein weltlicher Advokat zu werden, sondern ein frommer Mönch, war er entsetzt. Er hatte ihm von seinem hart erarbeiteten Geld gerade noch das »Corpus Juris«, das römische Gesetzeswerk, das in ganz Europa Gültigkeit hatte, gekauft. Ins Kloster? Noch nie war ein Luder – oder Luther – ein Priester oder ein Mönch geworden. Er hielt nichts von Pfaffen und von Mönchen. Juristen standen dagegen hoch in seinem Ansehen. »Mein Vater wollte darüber toll werden, war übel zufrieden, wollte mir's nicht gestatten.« Aber Luther blieb bei seinem Entschluß, der Welt zu entsagen, um im Kloster ein Leben für Gott und gegen den Teufel zu führen.

»Denn da ich zu Erfurt in die Hochschule angefangen hatte, in guten Künsten und der Philosophie zu studieren und darin so viel gefaßt und gelernt hatte, da ich Magister geworden war, hätte ich daselbst die Jugend wiederum lehren und unterrichten können. Doch ich verließ meine Eltern und Verwandten und begab mich wider ihren Willen in das Kloster und zog eine Kutte an. Denn ich glaubte, ich würde im Mönchsstande und mit solcher harten sauern Arbeit Gott einen großen Dienst tun.«

Das Gewitter, von dem Luther überrascht wurde, dürfte gewiß nicht der einzige Grund für seinen Entschluß, dem weltlichen Leben zu entsagen und Mönch zu werden, gewesen sein.

In Erfurt pflegte Martin Luther Kontakte mit den Augustinermönchen. In der Domstadt gab es damals hundert Kirchen und sechsunddreißig Klöster, das der Augustiner war eines der größten in der großen thüringischen Stadt, wo 742 der Missionsbischof Bonifatius ein Bistum gegründet hatte. Überall begegnete er in der Stadt den Mönchen in ihren Kutten, nicht nur betend und bettelnd, auch zechend und lachend.

In Thüringen wütete damals die Pest, und zwei seiner Brüder starben an der tödlichen Krankheit. Luthers bester Freund war bei einer Schlägerei getötet worden. Das weltliche Leben war nicht nur voller Versuchungen, Tod und Vergehen lauerten an jeder Straßenecke und sogar auf freiem Felde, wie Luther erfahren hatte.

Nach Luthers Rückkehr nach Erfurt, nach dem »Gewitter-Erlebnis«, bat er seine Kommilitonen zu einer fröhlichen Studentenfeier in seine Georgen-Burse. Bei dem Abschiedsmahl sollen neben seinen Professoren und Kommilitonen auch züchtige und ehrsame Jungfrauen dabeigewesen sein, alle, einschließlich Luther, »über die Maßen fröhlich«. Sie wußten nicht, warum er zu der fröhlichen Feier eingeladen hatte. Als er sie zum Abschluß bat, ihn zu dem Augustinerkloster, das nicht weit von der Universität in der Kirchgasse lag, zu begleiten, sagte er ihnen vor der Klosterpforte: »Heute seht ihr mich und nimmermehr.«

War es Überdruß an der voller Gefahren und Versuchungen reichen Welt? Kaum anzunehmen. Überrascht über seinen Entschluß, ins Kloster zu gehen, um dem weltlichen Leben für immer zu entsagen, waren nicht nur seine Kommilitonen, sein Vater war wütend, da er für seinen Sohn schon eine reiche und ehrliche Heirat in Aussicht hatte. Zur Strafe redete er ihn mit »du« an und »sagte mir alle Gunst und väterlichen Willen gar ab«. Aber Luther blieb bei seinem Entschluß, statt ein angesehener Jurist ein armer Mönch zu werden.

Am 17. Juli 1505, zwei Wochen nach dem Gewitter in Stotternheim, ließ Martin Luther für fast zwei Jahrzehnte die Welt der Äußerlichkeiten, Nichtigkeiten und Eitelkeiten hinter sich.

Martin Luther als Augustinermönch
Kupferstich von Lucas Cranach aus dem Jahre 1520

Das Augustinerkloster, das »Schwarze Kloster zu Erfurt«, war die bedeutendste Stätte asketischen Lebens in Erfurt und wohl deshalb von Luther gewählt worden. Zunächst wurde er im Gästehaus des Klosters untergebracht. Zwei Monate Zeit blieben ihm, seinen Entschluß zu bedenken.

Obwohl die Ordensregeln besonders hart waren: wachen, fasten, in ungeheizten Zellen wohnen, beten, beichten und sonst viel schweigen, blieb Luther bei den Augustinern. »Obgleich ich schon Magister war, mußte ich doch um Käse betteln und läuten und den Abort reinigen. Die Erfurter Universität bat für mich, aber wenige schonten mein.«

Ein Jahr später, nach dem Noviziat, legte Luther das Mönchsgelübde ab. »Ich, Bruder Martinus, tue Profeß und verspreche Gehorsam, Armut, Keuschheit.«

Am 4. April zum Priester geweiht, durfte Luther am 2. Mai 1507 in der Klosterkirche seine erste Messe lesen. Sein ehrgeiziger Vater hatte sich inzwischen mit dem Entschluß seines Sohnes, als Mönch sein Leben zu verbringen, abgefunden. Er war aber von Mansfeld nach Erfurt gereist, in der Absicht, ihn zu »bekehren« zu einem weltlichen Leben. Obwohl ihm dies nicht gelang, dafür war Luther ein zu entschlossener Mann, gab Hans Luder für seinen Sohn nach der Priesterweihe im Dom im Speisesaal des Klosters ein Festessen, zu dem auch Luthers Mutter, seine Geschwister und Verwandten, insgesamt zwanzig Angehörige, kamen.

Der Vater hatte dem Kloster sogar einiges Geld gespendet. »Do ich mein erste meß solt halten, do schickt mein vatter zwanzig gulden in die kuchen«, schrieb Luther an den Franziskanermönch Johannes Braun.

Luther über sein Klosterleben in Erfurt: »Im Kloster hatten wir genug zu essen und zu trinken, aber da hatten wir Leiden und Marter am Herzen und Gewissen, und der Seelen Leiden ist das allergrößte.« Er war vierundzwanzig Jahre jung, ein gesunder und kräftiger Mann, als er sein Mönchsgelübde ablegte. Aber: »Im Kloster gedachte ich nicht an Weib, Geld oder Gut, sondern das Herz zitterte und zappelte, wie Gott mir gnädig wurde.«

Sein Gelübde hat Luther während seiner fast zwanzigjährigen Klosterzeit oft bereut, es dennoch nicht gebrochen. Aber Zweifel sind ihm oft gekommen. »Da ich gebadet und getauft ward in meiner Möncherei, war ich der elendste Mensch auf Erden, Tag und Nacht war da ein Heulen und Verzweifeln. Und wo mir Doktor Staupitz oder vielmehr Gott durch Doktor Staupitz nicht herausgeholfen hätte, so wäre ich drinnen ersoffen und längst in der Hölle.«

Frater Martinus Lutherus

»Wahr ist's, ein frommer Mönch bin ich gewesen, und habe so strenge meinen Orden gehalten, daß ich's sagen darf: Ist je ein Mönch gen Himmel kommen durch Möncherei, so wollt' ich auch hingekommen sein. Das werden mir zeugen alle meine Klostergesellen, die mich gekannt haben«, so Martin Luther über seine Zeit als Augustinermönch. Doch sagte er auch: »Ich hätte mich, wo es länger gewähret hätte, zu Tode gemartert, mit Wachen, Beten, Lesen und anderer Arbeit.«

Selbstmarterungen waren im 16. Jahrhundert mit seinen Kriegen, Seuchen, Hexenverfolgungen und Religionswirren in Mitteldeutschland und auch anderswo stark vertreten. Die Mönche hofften, durch Askese Gott zu erfahren und das irdische Leben, das wenig galt, zu überwinden, um einmal im Himmel und nicht in der Hölle zu landen.

Der Augustinereremiten-Orden, in den Luther im schwülen Sommer 1505 eintrat, war ein hochangesehener Orden. In Deutschland gab es zu Luthers Zeit über hundert Klöster dieses Mönchsordens. Es war ein »neuer« Bettelorden aus dem 13. Jahrhundert. Unter den katholischen Orden galt er nicht als besonders streng. Die Benediktiner hatten strengere Ordensregeln. Luther, der so plötzlich in den Orden eintrat, empfand ihn als streng, fast unbarmherzig. Lieber würde er die Frau eines anderen verführen, was ihm als besonders verderbliche Sünde erschien, als noch einmal in ein Kloster gehen, sagte er nach seinem Austritt.

Die Ideale, die Güter- und Liebesgemeinschaft der Urkirche, die hat Luther jedoch zeitlebens hochgehalten. »Das erste Ziel eures gemeinsamen Lebens ist, in Eintracht zusammenzuwohnen und ein Herz und eine Seele in Gott zu haben.« Dieses Ordensgesetz hat Luther auch als Nicht-Mönch beherzigt und danach bis zu seinem Tode gelebt.

Luther nannte sich anfangs »Augustinus«, nach dem heiligen Augustinus, dem bedeutendsten Kirchenlehrer des Abendlandes. Aber schon vor der Priesterweihe nahm er seinen Tauf-

Refugium des Augustinerklosters in Erfurt

namen an und nannte sich »Frater Martinus«. Er trug eine schwarze Kutte mit schwarzem Ledergürtel über einem weißen Wollhemd. Von den Gelübden des Gehorsams, der Armut und Keuschheit fiel ihm das keusche Leben am schwersten, und er war nicht selten den Anfechtungen des Fleisches ausgesetzt. Vor allem das Weib bedeutete für ihn eine große Versuchung. Die »Fleischeslust« war nach christlichem Glaube eine der schwersten Sünden. Sogar die Berührung der eigenen Mutter war den Mönchen verboten. Ein Weib auch nur anzuschauen, galt bereits als gefährliche Versuchung. Um gar nicht erst in Versuchung durch das Weib geführt – oder gereizt – zu werden, hat Luther den Anblick der Frauen während der Mönchszeit vermieden und als Priester nur drei Frauen die Beichte abgenommen. »Ich wollt nicht ihr Gesicht erkennen, während ich sie anhörte. In Erfurt habe ich überhaupt keiner die Beichte abgehört, in Wittenberg dreien im ganzen.«

Seinem Beichtvater Johannes von Staupitz hat er seine Sünden gebeichtet. »Doctor Staupitz habe ich oft gebeichtet, jedoch nicht von Weibern.« Der väterliche Freund habe ihm darauf geantwortet: »Du willst ohne Sünde sein, und hast doch keine rechte Sünde.«

Mancher Mönch wurde im Kloster fast wahnsinnig. Aber es gab auch Mönche, die heimlich ihre »Fleischeslust« befriedigten. Zwischen den Klöstern für Mönche und denen für Nonnen bestanden nicht selten Kontakte. Mönche schrieben den Nonnen Liebesbriefe und diese ihnen. Und so manche Klosterfrau erwartete von einem Mönchsbruder, den sie heimlich traf, ein Kind, das sie heimlich zur Welt brachte und in fremde Obhut gab.

Martin Luther hat sich der Klosterzucht fast gänzlich gefügt. Mit den sieben Todsünden hatte er bis auf die Völlerei kaum Probleme. Stolz, Neid, Raffgier, Geiz, Zorn und Trägheit des Herzens kümmerten ihn nicht.

Das Klosterleben war nicht so eintönig, wie es sich viele, die es nicht kennen, vorstellen. Zwar war der Tagesablauf streng geregelt, aber Luther konnte seine theologischen Studien fortführen und durfte bald nach der Priesterweihe 1507 in Erfurt und später an der Wittenberger Universität seine Vorlesungen halten.

Im Winter 1510/11, bei Schnee, Kälte und Sturm, wanderte

der Augustinermönch Luther mit einem Klosterbruder über die Alpen nach Rom. Da die geistlichen Brüder angeblich zerstritten waren, gingen sie den langen und beschwerlichen Weg nicht neben-, sondern hintereinander, von einem Augustinerkloster, wo sie übernachteten, zum nächsten. (Es war jedoch üblich, daß Mönche hinter- und nicht nebeneinander marschierten.)

In Florenz erkrankte Luther. Vornehme Damen, so wird berichtet, die sich ihm aber nur mit einem Schleier vor dem Gesicht näherten, betreuten ihn und achteten darauf, daß er seine Medizin auch wirklich einnahm.

Beim Anblick Roms warf sich Luther zu Boden und rief: »Sei mir gegrüßt, heiliges Rom.« In der heiligen Stadt wohnte er im Kloster Santa Maria. Die Kirche Santa Maria del Popolo steht noch. Das Kloster wurde von Kaiser Karl V. durch seine Soldaten beim »Sacco di Roma«, 1527, verwüstet.

Mit dem Heiligen Vater, es war Papst Julius II., zog Luther als Bettelmönch durch die Straßen Roms.

Mit dem Bau des Petersdoms hatte der Papst 1506 begonnen. Für das riesige Gotteshaus brauchte die römische Kirche ungeheure Summen Geld, die durch die Ablaßbriefe beschafft wurden. Sieben Jahre nach seinem Rombesuch wird Luther in seinen berühmten 95 Thesen den Bau des Riesendoms mit Hilfe von Ablaßgeldern heftig angreifen.

Von der »Verderbnis der Kirche« und der Sittenlosigkeit in Rom erzählte Luther in Wittenberg zunächst nichts. Die Mißstände waren allgemein bekannt. Über das sittenlose Leben der Päpste regte man sich kaum auf. Rom war fern und fremd. Uneheliche Kinder der Päpste und Priester gab es zahlreich. Schon seit Papst Innozenz (1484–1492) wurden die Söhne der Päpste nicht mehr als »Neffen« bezeichnet, sie wurden öffentlich anerkannt. Mit großem Pomp hatte Rom die Hochzeit des unehelichen Sohnes von Papst Innozenz mit einer Medici-Tochter, uneheliche Tochter von Papst Alexander VI., gefeiert.

Aber die Sittenlosigkeit der Päpste, die so ganz im Gegensatz zu den Worten, die sie verkündeten, stand, beschäftigte Luther nach seiner Rückkehr in das sittenstrenge Wittenberg. »Wir wissen, daß große Mißstände seit vielen Jahren um sich gegriffen haben am Heiligen Stuhl«, so Papst Hadrian VI.

Sein Keuschheitsgelübde brach Luther zu dieser Zeit dennoch nicht. Gegen die Ehelosigkeit der Priester, vom Papst gnadenlos gefordert, die Luther aber als widernatürlich empfand, trat er erst zehn Jahre später ein. »Ich war sehr fromm im Papsttum, da ich ein Mönch war, und doch so traurig und betrübt, daß ich dachte, Gott wäre mir nicht gnädig. Da hielt ich Messe und betete und habe kein Weib, da ich im Orden und ein Mönch war, gesehen und gehabt.« Erst in seinen Kampfschriften von 1520 hat Luther die Unmoral der Priester öffentlich angeprangert. »Ohnehin leben die Priester mit Weibern zusammen, der Papst läßt es zu, er verbietet nur die Ehe. Dispens gibt es für Geld, aber nicht die Erlaubnis zur Ehe. Die Frauen, die mit Pfaffen schlafen, nennet man Pfaffenhuren, ihre unehelichen Kinder Pfaffenkinder.« Weil aber nicht jeder Pfaffe ein Weib entbehren kann, sollte ihm erlaubt sein, sich ein Weib zu nehmen, meinte Luther.

Die »Pfaffenkinder« bedeuteten für Rom eine zusätzliche Einnahmequelle. Durch den Dispens gegen Bezahlung nahm die Kirche bei der Vielzahl der unehelichen Priesterkinder viel Geld ein.

Ein uneheliches Kind war auch Klemens VII., der 1523 Papst wurde. Nach kanonischem Recht war Giulio de Medici von hohen Kirchenposten ausgeschlossen, aber sein Vetter, Papst Leo X., ebenfalls aus dem Hause der mächtigen Medici, sah darüber großzügig hinweg.

Das Klosterleben, der Bruch mit dem weltlichen Leben, hat Luther geprägt, wenn er es nach fast zwei Jahrzehnten auch wieder aufgab, zwar nicht mit dem Gedanken, nun zu heiraten und ein »bürgerliches« Leben zu führen, aber doch sein eigenes christliches Leben. Doch auch noch nach seiner Heirat erinnerte er sich an sein einstiges Klosterdasein. »Ich will dir erzählen, wie es mir erging, als ich ungefähr in diesem Alter war. Zuerst als ich ins Kloster gegangen war, geschah es, daß ich immer traurig und schwermütig einherging, und diese Traurigkeit nicht loswerden konnte«, schrieb Luther, als er bereits mehrfacher Vater war, an den Hauslehrer seiner Kinder, Hieronymus Weller.

Wenn Martin Luther seine Klosterzeit auch oft bedauert hat, sie war die Voraussetzung für seinen späteren Ruhm und die Reformation. Im Kloster, in das er aus freiem Willen und mitten heraus aus einem fröhlichen Studentenleben eingetreten war, wurde Luther zum Rebell. Die ständigen Gewissensprüfungen schärften sein Gewissen so, daß er dann, als er in Worms vor den Kaiser trat, aus Gewissensgründen seine Thesen nicht widerrufen wollte.

Das evangelische Rom

Keine deutsche Stadt ist von Martin Luther so geprägt wie Wittenberg – bis auf den heutigen Tag. Die kleine Stadt am breiten Strom der Elbe war aber schon, bevor Luther 1511 als Augustinermönch von Erfurt nach Wittenberg als Professor der Theologie versetzt wurde, bekannt. Um 1300 hatte Wittenberg das Stadtrecht erhalten. Ihre Glanzzeit erlebte die sächsische Kleinstadt durch den Kurfürsten Friedrich der Weise, der sie 1486 zu seiner Residenz erhob und 1502 die Universität gründete.

Luther hatte bereits 1508 für ein Semester die Vertretung des Lehrstuhls der Moralphilosophie in Wittenberg übernommen, damals noch ein zahmer und gehorsamer Mönch, den außerhalb der Kloster- und der Universitätsmauern kaum jemand kannte. An der Wittenberger Universität promovierte er 1512 zum Doktor der Theologie, übernahm die Bibelprofessur und die Predigerstelle an der Stadtkirche. Drei Jahre später wurde ihm ein hohes Ordensamt übertragen. Als Distriktvikar mußte er elf sächsische Klöster des Augustinerordens beaufsichtigen, auch das in Grimma, in dessen Nähe das Kloster Marienthron lag, in dem Katharina von Bora als Nonne lebte.

Das Schwarze Kloster in Wittenberg im 16. Jahrhundert

Wittenberg war schon wenige Jahre nach ihrer Gründung eine berühmte Universität. An ihr lehrten, neben Luther, sein Freund und Berater bei der Bibelübersetzung Philipp Melanchthon, der evangelische Theologe Andreas Bodenstein,

Karlstadt genannt, und später der italienische Philosoph Giordano Bruno, der 1600 in Rom als Ketzer verbrannt wurde. Bis 1817 war Wittenberg eine bekannte und weitgerühmte deutsche Universität, an der im 18. Jahrhundert

Gotthold Ephraim Lessing und der Freiherr Friedrich von Hardenberg, bekannt als Novalis, studierten.

Wittenberg, das »evangelische Rom«, ist eine schöne Renaissancestadt mit einem großen Rathaus und der gotischen Stadtkirche in der Mitte. An dem einen Ende der Stadt steht das Augustinerkloster, am anderen Ende – einen Kilometer entfernt – daß Schloß und die Schloßkirche.

Evangelisches Rom wurde Wittenberg genannt, weil es das Zentrum der Reformation war. In Wittenberg schlug Luther seine berühmten Thesen an die Schloßkirche. Zum »Wittenberger Kreis« gehörten die »Martiniarer«, wie sich die Anhänger Luthers damals nannten.

Der Kurfürst von Sachsen, Friedrich der Weise, holte nicht nur an die von ihm gegründete Universität berühmte Gelehrte, er berief auch Künstler nach Wittenberg. Schon 1504 hatte er den Maler Lucas Cranach d. Ä. als Hofmaler bestellt, der in seinem großen Stadthaus in der Stadtmitte eine Malerwerkstatt einrichtete. Bei ihm lebte Katharina von Bora.

Wittenberg war ein Zentrum des Buchhandels und der Buchdruckkunst. Der erste »Wittenberger Druck« erschien 1502, gleich nach der Gründung der Universität. Luthers Schriften – vor allem seine 95 Thesen – hätten sich nicht so rasch in Deutschland verbreiten können, wenn nicht schon Gutenberg den Druck mit beweglichen Lettern erfunden hätte und sie nicht sofort in Wittenberg in großer Zahl hätten gedruckt werden können. Der bedeutendste der damaligen Drucker in Wittenberg war Hans Lufft, jahrelang Bürgermeister von Wittenberg. Seine Druckerei lag in der Kupferstraße, nicht weit von dem Augustinerkloster entfernt.

Nach der Heirat hat Katharina Luther die Manuskripte ihres Mannes oft selbst zu Lufft in die Druckerei gebracht, damit sie schnell gedruckt werden konnten.

Wittenberg, Ausgangspunkt und Zentrum der Reformation, heißt heute offiziell »Lutherstadt Wittenberg« und pflegt das Erbe Luthers in vorbildlicher Weise. Das »Lutherhaus«, das ehemalige Augustinerkloster und Wohnhaus der Familie Luther, beherbergt heute die Staatliche Lutherhalle, die über die umfangreichste Sammlung der Welt zur Reformationsgeschichte verfügt und ausstellt. In der berühmten Lutherstube, in der sich das Familienleben der Luthers abspielte, ist auch eine Kopie von Katharina von Boras goldenem Trauring zu sehen.

Kritik an der Kirche

Nicht nur Martin Luther übte als Augustinermönch, Priester und Professor der Theologie Kritik an der katholischen Kirche und am Papsttum in Rom. Die Päpste, die mehr an die Vergrößerung ihrer Macht als an christliche Tugenden dachten, wurden weit über Rom und Deutschland hinaus kritisiert. »Tugend ohne Macht ist lächerlich«, hatte ein Redner auf dem Konzil zu Konstanz gemeint. Aber die Macht verführt auch zur Untugend.

Die Ausschweifungen der Päpste waren allgemein bekannt. »Alexander hatte alle seine Lebtage nur die Welt zu genießen, vergnügt zu leben, seine Gelüste, seinen Ehrgeiz zu erfüllen getrachtet«, schrieb Leopold von Ranke über die römischen Päpste.

Alexander VI. war zwar tot, als Luther lebte, aber Papst Leo X. aus dem Hause Medici, der in Rom seit 1513 regierte, war auch kein »Heiliger«.

»Da brauchte in der Tat nicht erst Luther zu kommen, um in diesem Treiben den geraden Gegensatz allen Christentums darzulegen« (Ranke). »Gleich damals klagte man, der Papst bahne dem Antichrist den Weg, er sorge für die Erfüllung des satanischen, nicht des himmlischen Reiches.« Die Päpste lebten, im Widerspruch zum wahren Christentum, ihren Vergnügungen, der Jagd und den Frauen. Die Zahl der Kinder, die sie zeugten, war kaum zu zählen.

Aber nicht nur das weltliche Leben der Päpste erregte den Zorn des frommen Augustinermönchs Martin Luther. Seit

Das Schwarze Kloster in Wittenberg heute im Frühling

1514 wurden in Deutschland, den Territorien des Heiligen Römischen Reiches, »Gnadengaben« vertrieben, die für den Bau des Petersdoms in Rom bestimmt waren. Mit den »Ablaßgeldern« wurden aber auch bei den Fuggern über 500 000 Gulden bezahlt. Die Fugger finanzierten die Wahl Karls V. zum Kaiser (1519).

Schon damals war Luther gegen den Mißbrauch des Ablasses aufgetreten. Als Beichtvater kannte er die Sorgen und Nöte seiner Beichtkinder. »Warum für die Sünden zahlen, da doch Jesus die Sünden bereits vergeben hat.« Auch in seinen Vorlesungen an der Universität in Wittenberg tadelte Luther die Ablaßgeschäfte.

Aber Johannes Tetzel zog mit seinem Kasten weiter vor die Kirchen und Gläubigen und predigte: »Du Priester, du Adliger, du Kaufmann, du Weib, du Jungfrau, du Verheiratete, du Jüngling, du Greis, du sollst wissen: wer gebeichtet hat und zerknirscht ist und Almosen in den Kasten legt, wie ihm der Beichtvater rät, der wird vollkommene Vergebung aller seiner Sünden haben.«

Himmel und Hölle waren Realitäten, an die fast alle Christen glaubten und auch daran: »Wenn der Groschen im Kasten klingt, die Seele aus dem Fegefeuer springt.« Aus christlicher und seelsorgerischer Verantwortung schrieb Luther – in lateinischer Sprache – seine berühmten 95 Thesen nieder und ließ sie auf Plakate drucken. Eines dieser Plakate nagelte er am Tag vor Allerheiligen an die Holztür der Schloß- und Universitätskirche zu Wittenberg. Die Holztür am Seitengang der Kirche diente gewissermaßen als »Schwarzes Brett« für Universitätsangehörige, und Luther war Professor der Universität. Mit seinen Thesen wollte er vor allem eine Disputation über das Ablaß-Unwesen in Deutschland erreichen. Überall zogen Ablaßprediger durch deutsche Städte und Dörfer, damit die Menschen sich von der Sündenlast loskauften. Johannes Tetzel, der Dominikanermönch aus Pirna bei Dresden, war nur einer von vielen Ablaßverkäufern.

Von der Wirkung seiner 95 Thesen war Luther selbst über-

Die Schloßkirche in Wittenberg

rascht. Mit seinen Thesen wollte er nur einen Disput herausfordern und keine kirchliche »Revolution«. Seine Thesen wider den Ablaß und den Papst in Rom stießen auf ein so starkes Echo, daß Martin Luther darüber bestürzt war. »Das Lied wollte meiner Stimme zu hoch werden.«

Überall wurden die Plakate mit den 95 Thesen begierig gelesen und verbreitet, bis nach Nürnberg und Basel. Da sie jedoch nur von Latein-Kundigen gelesen werden konnten, übersetzten Kritiker des Ablaß-Unwesens und Luther-Anhänger sie ins Deutsche – gegen seinen Willen. Die deutsche Übersetzung verbreitete sich rasch bis in die Kleinstädte und Dörfer. Wenn auch nur ein kleiner Prozentsatz der Menschen lesen konnte, Luthers Thesen wurden allerorts heftig diskutiert, was von ihm zwar beabsichtigt war, jedoch in anderer Weise. In vierzehn Tagen waren seine Thesen in ganz Deutschland bekannt, »denn alle Welt klagt über den Ablaß«. Doch: »Der Ruhm war mir nicht lieb«, so Luther. Seine Priesterkollegen standen seinen Thesen zunächst, da er in ihnen die Kirche in Rom angriff, ablehnend gegenüber, nur Andreas Bodenstein stimmte Luther kritiklos zu.

Einige moderne Historiker bezweifeln den Thesenanschlag Luthers an die Wittenberger Schloßkirche. Wahr ist, daß Luther seine 95 Thesen nicht gedruckt, sondern handgeschrieben und nicht in deutscher, sondern in lateinischer Sprache verfaßte und sie am 31. Oktober um zwölf Uhr an die damalige Holztür anschlug.

Von der Wirkung seiner Thesen, die einer Disputation und nicht einer Reformation der katholischen Kirche gelten sollten, war Martin Luther so überrascht wie seine Wittenberger Kollegen und der Papst in Rom.

Die heutige Tür mit Luthers Thesen an der Schloßkirche stammt nicht aus der Zeit Luthers. Die Bronzetür ist erst hundert Jahre alt.

Die Kirche war 1989 noch einmal Zentrum einer »sanften Revolution«. In der Schloßkirche versammelten sich vom 10. Oktober 1989 bis zum 6. März 1990 an jedem Dienstagabend viele Wittenberger, die gegen den Sozialismus à la Erich Honecker und seine Konsorten revoltierten, zum »Gebet um Erneuerung«. Es wurde von Woche zu Woche immer voller in der Schloßkirche, in der Luther begraben liegt. »Die Leute waren sehr erregt und aufgewühlt«, schrieb mir Bernhard Gruhl von der Schloßkirche nach der erfolgreichen Revolution der DDR-Bürger.

Die Thesen, mit denen Luther gegen das Papsttum in Rom auftrat und die dortigen Mißstände kritisierte, waren bald auch beim Heiligen Stuhl bekannt, und Luther wurde der Verbreitung irriger Auffassungen bezichtigt. Ein Dominikanermönch verdächtigte Luther der Ketzerei. Ketzer, das bedeutete Tod auf dem Scheiterhaufen.

Zwischen den verschiedenen christlichen Orden gab es oft Rivalitäten und auch Streitereien. Tetzel und sein Dominikanerbruder Konrad Koch aus Wimpfen verfaßten gegen Luther ihrerseits 106 Thesen, die der Reformator im Januar 1518 mit der Schrift »Sermon von Ablaß und Gnade« beantwortete. Es war Luthers erste Disputations-Schrift in deutscher Sprache. Er berief sich bei seiner Erwiderung und Rechtfertigung auf seinen Landesherrn, Kurfürst Friedrich der Weise, der ihn zur Standhaftigkeit ermutigt hatte.

Der Konflikt zwischen Luther und dem Papst in Rom war durch seine Thesen, die er nicht zu widerrufen gedachte, vorprogrammiert. Der kanonische Prozeß gegen ihn wurde eingeleitet, Luther wurde zwar nach Rom zitiert, aber statt dessen mußte er sich nach Augsburg zum Reichstag begeben, um dort »verhört« zu werden. Das Reisegeld erhielt er vom sächsischen Kurfürsten. Im Hause der reichen Fugger wurde Luther vom 12.–14. Oktober 1518, ein knappes Jahr nach seinem Thesenanschlag, vom päpstlichen Legaten Cajetan vernommen. Luther sollte seine Irrtümer einsehen, sie widerrufen und in Zukunft alles unterlassen, was gegen die Kirche verstieß. Obwohl er in der Überzeugung nach Augsburg gefahren war, bei einer Verweigerung des Widerrufs den Ketzertod zu erleiden, blieb er bei seinen Thesen. »Nu mustu sterben.« Dennoch verteidigte er seine Auffassung, daß der sündige Mensch auch ohne Ablaßbriefe und die Gnade des Papstes von seinen Sünden befreit werden könne – durch Buße.

Da niemand wußte, was der Papst in Rom mit dem aufsässigen Mönch aus Wittenberg vorhatte, ob der päpstliche Legat ihn vielleicht nach Rom »abführen« ließ und Luther plötzlich Angst bekam, reiste er am 16. Oktober fluchtartig aus Augsburg ab.

In Wittenberg, nach harter und langer Fahrt angekommen, bereitete er seine Emigration in das benachbarte Böhmen oder gar in das ferne Frankreich vor. Der Kurfürst, Luthers Beschützer, wurde von Rom bestürmt, Luther zum Einhalten zu bewegen. Er lehnte es aber ab, Luther auszuliefern oder des Landes zu verweisen. Der Kurfürst blieb hart und hielt weiter schützend seine Hand über ihn. Da erhielt der Kammerherr und Gesandte des Papstes, Karl von Miltitz, den Auftrag, dem Kurfürsten von Sachsen die Goldene Tugendrose, damals die höchste Auszeichnung des Papstes, zu überbringen und gleichzeitig zwei seiner unehelich geborenen Kinder für ehelich zu erklären (Friedrich III., der Weise, hatte drei »natürliche« Kinder). Außerdem sollte er mit hohen kirchlichen Ämtern betraut werden.

Inzwischen interessierte sich für Luthers Thesen auch der Adel, der bisher fest zu Rom hielt. Ulrich von Hutten, der mit seinen Schriften ebenfalls die Praktiken der römischen Kirche angriff, hatte bereits 1517, noch vor Luthers Thesenanschlag, ein Pamphlet in deutscher Sprache herausgegeben, das sich gegen den Papst richtete. Der »Pfaffenhaß« nahm in Deutschland und besonders in Thüringen und Sachsen bei den Gläubigen zu. »Wenn nicht die deutschen Fürsten und der Adel mit tapferem Ernst in nächster Zeit etwas dagegen tun, wo wird Deutschland noch wüst werden.«

Die Bestrafung aus Rom kam erst drei Jahre nach dem Thesenanschlag. Am 3. Januar 1521 wird Luther vom Papst Leo X., nach der Bannandrohungsbulle vom 15. Juni 1520, gebannt. Die Bannandrohungsbulle hatten seine Studenten am 10. Dezember 1520 vor dem Elstertor in Wittenberg verbrannt.

In der »Bulla contra errores Martini Lutheri«, verfaßt von seinem ärgsten Feind Johannes Eck, heißt es in der bildhaften Sprache: »Wir können nicht länger dulden, daß die Schlange durch das Feld des Herrn kriecht. Die Bücher von Martin Luther, die diese Irrtümer enthalten, müssen geprüft und verbrannt werden.«

Bei der Bücherverbrennung in Wittenberg wurde jedoch nur Reisig ins Feuer geworfen. Luther zündete den Scheiterhaufen selbst an und warf Schriften des kanonischen Rechts und die Bannbulle in die lodernden Flammen mit den Worten: »Weil du die Wahrheit Gottes verstört hast, zerstöre dich dieses Feuer.« Danach ging er rasch nach Hause, ins Kloster, um mit den Studenten zu feiern.

Der Bruch mit Rom und der katholischen Kirche war vollzogen. »Es ist aus mit dem Römischen Stuhl.«

Aber die Macht in Rom war ungebrochen, Luther bekam sie bald leibhaftig zu spüren.

Hier stehe ich

In Begleitung eines Augustinermönchs, Studenten und Nikolaus von Amsdorf, seinem Freund und Mitstreiter, reiste Martin Luther am 2. April 1521 nach Worms zum Reichstag. Die Stadt Wittenberg hatte ihm das Reisegeld für die lange Fahrt gestiftet. In den vielen Dörfern und Städten, durch die er mit seinem Planwagen fuhr, wurde Luther überall jubelnd begrüßt. Es war eine Triumphfahrt. Obwohl ihm das Predigen unterwegs untersagt war, predigte Luther in Erfurt, Gotha und Eisenach.

Seine Schriften und auch sein Konterfei fanden überall reichen Absatz. Es herrschte zu dieser Zeit in Deutschland eine starke antirömische Bewegung. Etwa neunzig Prozent der Deutschen, vom Adligen bis zum Bauern, standen auf der Seite von Luther. Vierhundert Edelleute hatten sich bereit erklärt, sein Leben und seine Lehre zu schützen. Der Kurfürst hatte ihm freies Geleit zugesichert.

Nicht ohne Bangen hatte Luther seine Reise nach Worms angetreten, aber er war fest entschlossen, seine Ankläger zu besiegen. An seinen Freund, den kursächsischen Beichtvater Georg Spalatin, schrieb er: »Wir werden in Worms einziehen, auch wenn alle Pforten der Hölle und alle Himmelsmächte das zu verhindern suchen, denn es gilt, den Teufel zu verscheuchen.«

Auf der vierzehntägigen Reise nach Worms übernachtete Luther in Weimar bei den Barfüßern. Ein Mönch erinnerte ihn an Jan Hus, der als Ketzer auf dem Konzil zu Konstanz vor über hundert Jahren verurteilt und verbrannt wurde. Doch Luther antwortete ihm: »Und wenn sie ein Feuer anzünden würden von Wittenberg bis Worms, ich wollte doch hindurch.« Bei seiner Fahrt kam Luther wahrscheinlich auch an dem Kloster Marienthron vorbei, in dem zu dieser Zeit Katharina von Bora als Nonne lebte und über die Freiheit eines Christenmenschen nachdachte.

Luthers Einzug in Worms glich dem eines Fürsten. Beunruhigt über das Aufsehen und die Sympathien, mit denen er empfangen wurde, schrieb der päpstliche Legat Hieronymus Alexander nach Rom: »Schon hatte ich meinen letzten Brief geschlossen, als ich soeben aus verschiedenen Meldungen sowie aus dem hastigen Rennen des Volkes entnahm, daß der große Ketzermeister seinen Einzug hielt. Ich schickte einen meiner Leute aus, der mir berichtete, daß ihm gegen hundert ›Reisige‹ (Reisende), vermutlich die Sickingens, bis an das Stadttor das Geleit gaben. Dieser Luther, als er vom Wagen stieg, blickte mit seinen dämonischen Augen im Kreise herum und sagte: ›Gott wird mit mir sein.‹ Dann trat er in eine Stube, wo ihn viele Herren aufsuchten, mit deren zehn oder zwölf er auch speiste, und nach der Mahlzeit lief alle Welt hin, ihn zu sehen.«

Mit lachender Miene ist Luther dann zum Reichstag, der in der Pfalz neben dem romanischen Dom tagte, gezogen. Er fürchtete sich nicht vor dem (möglichen) Urteilsspruch »Al fuego« – »Ins Feuer«.

Für Kaiser Karl V., der erst vor einem halben Jahr zum römischen Kaiser in Aachen gekrönt worden und gerade einundzwanzig Jahre alt geworden war, war dies der erste Reichstag. Luther war nicht das Hauptthema. Es ging vor allem um »hohe Politik«, um die Territorien der Reichsfürsten und die Schaffung eines »Reichsregiments«. Das interessierte die Menschen jedoch wenig, sie bewegte nur der Auftritt Luthers vor dem Kaiser.

Begleitet von einer großen Zahl von Sympathisanten und unter großem Tumult wurde er in den mit Fackeln hell erleuchteten Saal der kurfürstlichen Pfalz geführt. Die Frage, ob er der Verfasser der Schriften, die als Ketzerei galten, sei, beantwortete er mit einem klaren »Ja«. Seine Verteidigungsrede begann er mit der Anrede aller hohen Herren und entschuldigte sich, falls er jemand vergessen habe. Denn: »Nicht bei Hofe, sondern in der Mönchszelle habe ich mein Leben zugebracht.« Ob er bereit zum Widerruf sei, wurde er danach gefragt. Bei der Beantwortung dieser Frage erbat sich der Reformator Bedenkzeit, denn auch er sei ein irrender Mensch.

Am nächsten Tag wurde Luther wieder unter dem Jubel der Menschen zur Pfalz begleitet. Erneut wurde er gefragt, ob er seine Schriften wider den Papst und die katholische Kirche widerrufen wolle. Mit lauter und klarer Stimme antwortete Luther den hohen Herren: »Mein Gewissen ist im Wort Gottes gefangen. Somit kann ich und will ich nicht widerrufen, denn gegen das Gewissen zu handeln, ist weder sicher noch heilsam. Ich kann nicht anders. Hier stehe ich, Gott helf mir. Amen.« Doch: »Habe ich übel geredet, so beweise mir, daß es übel sei. Bringt Zeugnis, überführt mich des Irrtums. Wenn man mich daraus besser belehrt, will ich gerne widerrufen und als erster meine Schriften ins Feuer werfen.«

Der päpstliche Nuntius berichtete vom Auftritt Luthers nach Rom: »Der Narr war mit lachender Miene eingetreten und hat in Gegenwart des Kaisers fortwährend den Kopf bewegt.« Der Kaiser konnte nur noch feststellen, daß Luther ein Rebell sei, der nicht zur Vernunft zu bringen ist, und verhängte die Reichsacht über ihn. Er beendete die Sitzung, und der Reichstag ging mit lautem Getümmel und in großer Aufregung auseinander. »Und so trat Luther ab, geleitet von aller Welt und besonders von vielen Edelleuten aus der Umgebung des Kurfürsten; und als er den Saal verlassen hatte, reckte er die Hand in die Höhe, wie die deutschen Landsknechte, wenn sie im Kampfspiele über einen wohlgelungenen Hieb frohlockten«, schrieb der päpstliche Nuntius dem Papst nach Rom.

Im Kloster, wo er Quartier genommen, angekommen, rief Luther mit fröhlichem Gesicht: »Ich bin hindurch. Ich bin hindurch.« Der Kaiser hatte ihm freies Geleit für einundzwanzig Tage versprochen, ihm aber verboten, unterwegs zu predigen. Danach wurde er für vogelfrei erklärt. Am 26. April verließ Luther Worms, nachdem er vorher noch viele Gläser Malvasier, griechischen Süßwein, getrunken hatte.

Kaiser Karl später: »Ich irrte, als ich damals den Luther nicht umbrachte. Ich war nicht verpflichtet, mein Wort zu halten. Ich habe ihn nicht umgebracht, und so wuchs dieser Irrtum ins Ungeheure. Das hätte ich verhindern können.«

Am 26. Mai 1521 unterschrieb der Kaiser das »Wormser Edikt«, die Reichsacht über Luther und seine Anhänger. »Wir gebieten Euch allen, daß ihr den vorgenannten Martin Luther nicht in Euer Haus aufnehmt, nicht bei Hofe empfangt, ihm weder zu essen noch zu trinken gebt, ihn nicht versteckt, ihm nicht mit Worten oder Werken heimlich noch öffentlich irgendeine Hilfe, Anhängschaft, Beistand oder Vorschub erweiset. Wo ihr ihn bekommen, ergreifen und seiner mächtig werden könnt, sollt ihr ihn gefangennehmen und uns wohl bewahrt zusenden.«

Zufrieden mit sich und seinem mutigen Auftreten vor dem Kaiser reiste Luther zurück nach Wittenberg. Am 2. Mai war er in Eisenach. Trotz des Redeverbots predigte er in der Georgenkirche. Die gotische Kirche war überfüllt. Noch war das »Wormser Edikt« nicht in Kraft.

Luther als Junker Jörg auf der Wartburg,
Gemälde von Lucas Cranach

Junker Jörg

Sein Landesherr und Beschützer, Kurfürst Friedrich III., der Weise genannt, fürchtete um Luthers Leben und ließ ihn nach einem vorgetäuschten Überfall bei Schweina, in Gegenwart von Luthers Bruder Georg, auf die Wartburg in Sicherheit bringen. »Ich lasse mich eintun«, schrieb Luther an Lucas Cranach nach Wittenberg. Viele Deutsche, auch Albrecht Dürer, ein Verehrer Luthers, glaubten, der Reformator sei dabei tödlich verwundet worden. »O Gott, o Gott, Luther ist tot.« (Dürer).

»Als ich Anno 1521 von Worms abreiste und bei Eisenach gefangen ward und auf dem Schloß Wartburg in Patmos saß, da war ich fern von Leuten in einer Stube und konnte niemand zu mir kommen denn zwei edle Knaben, so mir des Tages zweimal Essen und Trinken brachten«, erzählte Martin Luther später.

Als »Junker Jörg«, als edler Ritter lebte Martin Luther auf der Wartburg hoch über Eisenach und blickte hinunter in die »liebe Stadt«, in der er vor zwanzig Jahren Schüler gewesen, als Kurrendesänger von Haus zu Haus gezogen war und in der viele Verwandte seiner Mutter lebten.

Die Wartburg, die Ritterburg, die auf dem 410 Meter hohen Bergfels steht, ist heute neunhundert Jahre alt, als Luther auf ihr weilte, stand sie erst gut dreihundertfünfzig Jahre. Von seinem Fenster blickte er über die Thüringer Berge. Auf der Wartburg fühlte er sich sicher, denn jeden Abend wurde die Zugbrücke hochgezogen. Aber wohl fühlte er sich nicht in der einsamen Höhe. »Ich sitze hier den ganzen Tag müßig und schweren Kopfes und lese die griechische und hebräische Bibel«, schrieb er an seinen Freund Spalatin, Ratgeber Friedrich des Weisen, nach Wittenberg.

Von der einsamen Wartburg trieb es Luther zu dem Kloster Reinhardsbrunn bei Friedrichsroda. »Wie er zu Reinhardsbrunn zu Gotha, zu Jena verkleidet gewesen alldo seltsam Ding mit den Mönchen und anderen gehandelt und unbekannt geblieben«, berichtete Myconius, Pfarrer von Gotha.

Luthers Zimmer auf der Wartburg in Eisenach

Untätig in einem Zimmer zu sitzen und in die vertraute Landschaft zu blicken, behagten seinem unruhigen Geist nicht. Mehrfach ging er heimlich hinunter in die Stadt.

Ob er auch die Familie Cotta, bei der er als Schüler neben der Kirche wohnte, besuchte, weiß man nicht. Seine Mönchskutte mußte er gegen eine Ritterkleidung vertauschen. »So sind mir hier meine Kleider ausgezogen und Ritterkleider angezogen worden; das Haar und den Bart lasse ich wachsen, daß Du mich schwerlich erkennen würdest, da ich mich selbst schon längst nicht mehr erkenne«, berichtete er seinem Freund nach Wittenberg.

Sein Zimmer am Ende des Pallas war schlicht. Holzgetäfelte Wände, die bis heute erhalten sind, ein Holztisch aus seinem Elternhaus, der ihm als Schreibtisch diente, und ein dicker Walwirbel, den er als Fußbank benutzte, waren die einzigen Gegenstände in dem Raum. Neben seinem Wohn- und Schreibzimmer lag eine kleine Schlafkammer. Ein winziger Erker diente als »Toilette«. Die Exkremente fielen in den Burggraben und düngten die dort wachsenden Weinstöcke.

Wie oft Luther mit den auf der Burg lebenden Rittern zusammentraf, ist nicht bekannt. Man weiß jedoch, daß sie ihn zu ihren Jagdvergnügungen, die mit anderen Vergnügungen endeten, mitgenommen haben. Auf der Ritterburg lebten auch Ritterfräulein. Wenn Luther ihnen begegnet sein sollte, an Heirat dachte er damals nicht. Und in dem Minnekästchen hat man keinen Liebesbrief von ihm gefunden. Gewiß aber war ihm die traurige Geschichte der »Heiligen Elisabeth« bekannt, die 1211 als vierjährige ungarische Königstochter auf die Wartburg kam und mit vierzehn Jahren in der Georgenkirche, in der Luther gepredigt hatte, mit dem jungen Landgraf Ludwig IV. von Thüringen getraut wurde. Nach dem Tode ihres Mannes, der auf dem Kreuzzug starb, legte sie die Krone nieder und wurde von der Wartburg vertrieben. Elisabeth ging nach Marburg, gründete Spitäler für die Armen und starb dort 1231. Die gotische Kirche in Marburg wurde nach ihr genannt.

Luther war für das Burgleben wenig geeignet. Im Dezember verließ er heimlich sein Asyl und fuhr nach Wittenberg, um die dortige Lage zu erkunden. Lucas Cranach hatte ihn, ebenfalls heimlich, einmal auf der Wartburg besucht.

Nach seiner Rückkehr aus Wittenberg auf die Wartburg begann Martin Luther sein großes Lebenswerk, die Bibelübersetzung. Die Heilige Schrift sollte allen Christen verständlich sein und nicht nur den Priestern. »Auf unserer Wartburg übersetzte ich das Neue Testament. Die Unseren forderten es. Möchte doch jede Stadt ihren Dolmetscher der Bibel haben und möchten sich allein mit diesem Buch alle Zungen, Hände, Augen, Ohren, Herzen beschäftigen.«

Nur drei Monate brauchte Luther für die Übersetzung des Neuen Testaments aus dem Griechischen in die deutsche Sprache. Es war ein Jahrtausendwerk.

Zehn Monate lebte Luther als »Junker Jörg« auf der Wartburg. Lucas Cranach, der große Maler aus Wittenberg, sein Freund und Gesprächspartner, hat ihn als Junker mit Bart und trotzigem Gesicht gemalt. Nachdem Luther die Bibel übersetzt hatte, hielt er das untätige Leben auf der Ritterburg nicht mehr aus und floh im März 1522 – nach Wittenberg.

Zwar hatte ihn Kaiser Karl V. durch die verhängte Reichsacht für vogelfrei erklärt. Aber niemand wagte es, ihn zu verfolgen. Außerdem stand er unter dem Schutz seines Landesherrn.

Glücklich und unversehrt in Wittenberg angekommen, kehrte er in das Augustinerkloster zurück. Aber fast alle seine Ordensbrüder hatten inzwischen das Schwarze Kloster verlassen. Nur noch sein alter Freund und Beichtvater Johannes von Staupitz lebte in dem Kloster. Luther zog wieder seine schwarze Kutte an.

Das Ende der Keuschheit

Nicht nur das Augustinerkloster in Wittenberg hatte sich während seiner einjährigen Abwesenheit geleert. Auch an vielen anderen Klöstern waren die Mönche ausgezogen, hatten ihre Mönchskutte mit der Schaube vertauscht und als Priester geheiratet. Nicht selten ehemalige Nonnen.

Mit Hilfe seines Freundes Philipp Melanchthon überarbeitete Luther das Manuskript mit der Bibelübersetzung. »Jetzt haben Melanchthon und ich alles auszufeilen begonnen.« Nach wenigen Wochen geht die Bibelübersetzung bei Johannes Lufft in den Druck. Lucas Cranach malt die Illustrationen dazu oder läßt sie in seiner Werkstatt malen. Der Druck muß in großer Geheimhaltung erfolgen. Luther und Cranach sind sich der Brisanz ihres Unternehmens voll bewußt. Auf drei Pressen werden täglich 10 000 Seiten gedruckt. Am 20. September kann Luther die ersten Exemplare von dreitausend Bibeln an Kurfürst Friedrich schicken. Die »Septemberbibel« ist in kurzer Zeit vergriffen, schon im Dezember erscheint eine zweite Auflage. Nur wenige Menschen können das Neue Testament tatsächlich lesen. Aber wer den Text nicht lesen kann, begreift die Illustrationen von Cranach.

Die zweite Auflage ist noch im Druck, da beginnt Luther mit der Übersetzung des Alten Testaments. Doch dafür braucht der Reformator ganze zwölf Jahre. Erst 1534 konnte die Erstausgabe der gesamten Bibelübersetzung in einem Band erscheinen. (Katharina von Bora ging mit dem Manuskript zu Hans Lufft in die Druckerei, um ihm die korrigierten Seiten zu bringen.)

Daß Luthers Bibelübersetzung auf Kritik in Rom stoßen würde, das erstaunte Luther am wenigsten. »Es war gar nicht anders zu erwarten, als daß die römische Kirche alle nur möglichen Wege einschlagen würde, dem durch Luthers Dolmetschung sich ausbreitenden Lichte entgegenzuarbeiten.« Die »Großen«, die Herrschenden, wurden aufgefordert, den Verkauf, aber auch das Lesen der Bibel aufs schärfste zu verbieten und jene, die dawider handelten, zu bestrafen.

Noch war Luther Mönch, obwohl der Bruch mit Rom endgültig vollzogen war. Er war zunächst gegen die Auflösung der Klöster und des Mönchstums. Das Kloster bot ihm und seinen Mönchsbrüdern neben der klösterlichen Ordnung, der materiellen Versorgung und das Leben in der Gemeinschaft auch »Schutz« vor den Anfechtungen des Teufels und der Sünde im Sex. Sollte er alles dieses aufgeben, um erneut den Teufel und die Sünde zu fürchten? Deshalb dachte er nicht daran, die Klöster aufzulösen und das Zölibat aufzuheben. Aber wie konnte er dies mit der reinen Christenlehre, in der von Liebe und nicht von Keuschheit und Entsagung, von Ehe und Kindern, nicht aber von der Ehelosigkeit der Priester die Rede ist, vereinen? Luther geriet erneut in einen Gewissenskonflikt.

An die Herren des Deutschen Ordens richtete Luther 1523 die Bitte, »daß sie falsche Keuschheit meiden und zur rechten ehelichen Keuschheit greifen«. Damit leitete er die Reform des Deutschherrenordens ein. »Daß ich besonders an euch, meine lieben Herren des Deutschen Ordens, mich unterstanden habe zu schreiben und zu dem ehelichen Leben von der unkeuschen Keuschheit zu raten, das lasse sie eure Liebe nicht verwundern. Ich meine es ohne Zweifel gut.« Der Hochmeister heiratete im Juni 1526 die Tochter des dänischen Königs, Dorothea, und lud Luther nach Königsberg zu seiner Hochzeit ein.

Albrecht von Brandenburg, der Hochmeister des Deutschen Ordens, wurde lutherisch und machte schon 1525 aus dem geistlichen Ordensstaat im Osten ein weltliches Herzogtum. Preußen wurde weitgehend evangelisch-lutherisch. Der Kurfürst Joachim von Brandenburg trat 1539 zum Luthertum über.

Anders als Luther dachte der Papst über die Ehe und Keuschheit seiner Priester. »Das Weib sei nicht ein Gehilfe, sondern ein Hindernis, Gott zu dienen; darum, wer Gott dienen will, der muß ohne Weib sein.« Ohne Frauen lebte jedoch keiner der Päpste und nur wenige der katholischen Priester. Luther meinte dagegen: »Wir sind alle geschaffen, daß wir tun wie unsere Eltern, Kinder zeugen und nähren; das ist uns von Gott auferlegt, geboten und eingepflanzt, das beweisen die Glieder des Leibes.«

Es sei auch unredlich, wenn man Gott zwar Keuschheit gelobt und sie doch nicht hält. Darum sollte nach Ansicht Luthers der Geistliche, der heiraten will, sagen: »Ich bin ein Mann und du ein Weib, und wir sollen und müssen zusammen, uns zu vermehren; das kann und soll uns niemand verwehren noch verbieten.«

Trotz Luthers »Gebots«, die Klöster nicht aufzulösen, verließen massenweise die Mönche ihre Klöster. Auch in Wittenberg kam es zu einer Klosterflucht.

Das mit Luthers Unterstützung in seinem Geburtsort Eisleben 1515 gestiftete Augustinerkloster wurde schon 1522 wieder aufgelöst und bald darauf in dem ehemaligen Kloster eine christliche Schule eingerichtet, an der auch Mädchen unterrichtet wurden.

Luther war zwar – noch – gegen die Auflösung der Klöster, aber er forderte jetzt die Aufhebung des Zölibats, die Ehelosigkeit der Priester. In Zürich hatte der schweizerische Reformator Ulrich Zwingli schon 1522 geheiratet, seine Heirat aber zwei

Jahre verheimlicht. Luthers Freund in Wittenberg und Studienkollege aus Erfurt, Justus Jonas, verheiratete sich ebenfalls schon 1522. Aber noch immer zögerte Luther, sein Keuschheitsgelübde zu brechen, und lebte zusammen mit Johannes von Staupitz im Schwarzen Kloster. Als auch er das Kloster zu Wittenberg verließ, um zu den Benediktinern nach Salzburg zu gehen, sagte Luther zu dem väterlichen Freund: »Deine Liebe ist mir sonderlicher gewesen denn Frauenliebe ist.«

Im April/Mai 1525 reiste Luther in die Aufstandsgebiete des noch immer wütenden Bauernkrieges und verfaßte die Schrift »Wider die räuberischen und mörderischen Rotten der Bauern«. Am 5. Mai starb sein Schutzherr und Gönner Kurfürst Friedrich der Weise. Daß er sich in diesen unruhigen Zeiten mit dem Gedanken einer Heirat trug, erstaunt. Vielleicht aber sehnte sich Luther gerade jetzt nach einer Frau und einem eigenen Zuhause.

Die Brautnacht

Als Martin Luther nach langem Zögern sich entschloß, Katharina von Bora zu heiraten, gab der Wunsch seines alten Vaters, welchen er im Frühjahr 1525 in Mansfeld besucht hatte, den letzten Anstoß zu seiner Hochzeit. Dem Kanzler des Grafen von Mansfeld, Johann Rühel, schrieb Luther zwei Tage nach seiner Heirat: »So hab ich nun aus Begehren meines lieben Vaters mich verehelicht und um dieser Mäuler willen, daß es nicht verhindert wurde, mit Eile beigelegen; (die Ehe im Brautlager vollzogen) bin willens, auf Dienstag über acht Tage, dem nächsten nach St. Johannis Baptistae, eine kleine Freude und Heimfahrt zu machen. Solches habe ich Euch als guten Freunden und Herren nicht wollen verbergen und bitte, daß Ihr den Segen helft drüber sprechen.

Und dieweil die Zeitläufte so stehen und gehen jetzt in den Landen, hab ich nicht den Mut, Euch dazu zu bitten und zu fordern, zu erscheinen. Wenn Ihr aber aus gutem Willen selbst wolltet oder könntet samt meinem lieben Vater und Mutter kommen, könnt Ihr selbst wohl ermessen, daß mir's eine besondere Freude wäre; und was Ihr mitbrächtet an guten Freunden zu meiner Armut, wäre mir lieb, nur daß ich bitte, mich davon durch diesen Boten zu verständigen. Ich hätte auch meinen gnädigen Herren, Graf Gebhard und Albrecht (von Mansfeld) davon geschrieben, hab's aber nicht dürfen wagen, weil Ihre Gnaden anderes als mit mir zu tun haben ... Martinus Luther.«

Nicht nur Luthers Gegner, auch viele seiner Freunde waren gegen seine Heirat mit Katharina von Bora gewesen. »Alle meine besten Freunde schrien: ›nicht diese, sondern eine andere‹. Aber ich habe meine Käthe lieb und weiß, daß ich sie lieber habe als sie mich.« Zunächst hätte Luther tatsächlich, wenn er überhaupt heiratete, lieber eine andere Frau (am liebsten hätte er die ehemalige Nonne Ave von Schönfeld genommen). Aber Katharina von Bora hatte nachdem sie Hieronymus Baumgärtner im Stich gelassen hatte, mehrfach den Wunsch geäußert, Luther zu heiraten.

Martin Luther hat die Ehe, vor seiner Heirat und danach, in höchsten Tönen gelobt. »Es ist ein groß Ding um das Bündnis und die Gemeinschaft zwischen Mann und Weib.« Johannes Bugenhagen, sein Freund und Wittenberger Stadtpfarrer, traute das Paar, wie schon berichtet, in der Schloßkirche. Aber erst das »Beylager« unter Zeugen besiegelte die Ehe. Über die Brautnacht Luthers mit Katharina im Schwarzen Kloster berichtete einer der Brautzeugen, sein Freund Justus Jonas: »Gestern war ich dabei und sah den Verlobten auf dem Brautbett – ich konnte bei diesem Schauspiel die Tränen nicht unterdrükken.« Doch: »Nachdem nun also geschehen ist und Gott es gewollt hat, erflehe ich dem trefflichen, lauteren Mann alles Glück.«

Luther sei sich der »Anstößigkeit« seiner Heirat durchaus bewußt gewesen, meint Heiko Oberman in seinem Buch über »Luther, Mensch zwischen Gott und Teufel«. Luther selbst meinte: »Die Heirat hat mir so viel Verachtung eingetragen, daß ich hoffen darf, daß die Engel lachen und alle Freunde weinen.« Dies schrieb er seinem Freund und Pfarrer Georg Spalatin drei Tage nach der Hochzeit.

Nicht nur Luthers engste Freunde, auch die Juristen und Gelehrten nahmen Anstoß an seiner Heirat. Daß die Priester heirateten, dafür zeigte man inzwischen in reformatorischen Kreisen großes Verständnis, daß aber Luther, auch wenn er aus dem Mönchsorden ausgetreten war, eine ehemalige Nonne ehelichte, das war für die weltlichen Herren unverständlich.

Seinem Freund Leonhard Koppe in Torgau, der auf Luthers Bitte die Flucht von Katharina von Bora organisiert hatte, schrieb Luther am 17. Juni, also vier Tage nach der Hochzeit: »Ihr wisset wohl, was mir geschehen ist. Gott hat Lust zu wundern sich und die Welt zu närren und zu äffen.« Luther selbst schien seine Heirat noch immer ziemlich unbegreiflich. An den sächsischen Marschall Johann von Dolzig schrieb er eine Woche nach der Brautnacht: »Gestrenger, ehrnfester Herr und Freund. Es ist ohn Zweifel mein abentheurlich Geschrei vor euch kommen, als sollt ich ein Ehemann worden sein, wiewohl mir aber dasselbige fast seltsam ist, und selbst kaum glaube, so sind doch die Zeugen so stark, daß ich's denselben zu Dienst und Ehre glauben muß und vorgenommen, auf nächsten Dienstag mit Vater und Mutter sammt andern guten Freunden in einer Collation dasselbe zu versiegeln und gewiß zu machen. Bitte deshalben gar freundlich, wo nicht beschwerlich ist, wollet mich treu berathen mit einem Wildbret und selbst dabei zu sein und helfen das Siegel aufdrücken mit Freunde und was dazu gehöret.« Der Marschall sollte Luthers schriftlichen Ehevertrag besiegeln. Den Ehering hatte der Kurfürst von Sachsen Luther geschenkt.

Für Luther war die Ehe, war sie einmal vor Gott und Gesetz beschlossen, unauflöslich. »Bist du an ein Weib gebunden, so bist du nicht mehr ein freier Herr. Gott zwinget und heist dich bey Weib und Kind bleiben, sie neren und zihen.«

Wie Katharina von Bora über die Heirat und Ehe dachte, wissen wir leider nicht. Martin Luther hat sich über seine Ehe, die für ihn selbst überraschend kam, ziemlich oft und deutlich geäußert.

»Im ersten Jahr des Ehestandes hat einer seltsame Gedanken. Wenn er bei Tisch sitzt, denkt er: sieh, vorher warst du allein, jetzt selbander (zu zweit). Im Bett, wenn er erwacht, sieht er ein paar Zöpfe, die er früher nicht sah.« Es war damals üblich, daß Eheleute in einem Bett zusammenschliefen.

Der bekannteste angebliche Ausspruch Luthers über die Ehe – zweimal die Woche schaden weder ihr noch ihm – mag der Wirklichkeit entsprochen haben, ist aber nicht von Luther. Wenn der Reformator in seiner Ehe – vielleicht auch seine Käthe – gelegentlich die teuflischen Anfechtungen, weil beide ihr Keuschheitsgelübde gebrochen haben, gespürt haben mögen, so gab es für beide kein Entrinnen mehr, da sie den wichtigen Schritt vom Kloster- ins Eheleben bewußt vollzogen hatten. Noch mehr als »normale« Eheleute waren sie durch das einstige Gelübde aneinander gebunden. »In der Ehe soll eitel Liebe und Lust sein«, Luther.

Wer nicht in die Ehe tritt, verfällt nach Meinung Luthers der geschlechtlichen Zuchtlosigkeit. Als Mittel gegen die Verführungen der Lust empfahl Luther: »Da soll man fasten, beten, arbeiten, daß man die Lust dämpfe und unterdrücke.«

Luther mußte nach seiner Heirat Wittenberg und die ihm vertraute Welt, seine Freunde und seine Arbeit als Pfarrer und Professor der Theologie nicht aufgeben. Er predigte weiter dreimal in der Woche in der Stadtkirche und hielt seine Vorlesungen an der Universität neben dem Kloster. Sein Leben hatte sich durch das Verlassen des Mönchsordens wenig geändert. Aber als gebannter Ketzer, der er noch immer war und überall bekannt, lebte er ohne die Kutte, die einen gewissen Schutz auch gegen den Unwillen Andersgläubiger bot, gefährlicher als zuvor.

Mit seiner Ehe hatte er ein Zeichen setzen wollen. Er hatte gegen das Eheverbot der Priester gepredigt. Wenn er diesen entscheidenden Schritt in seinem Leben nicht gewagt hätte, dann hätten ihm seine Gegner Inkonsequenz vorwerfen können. Und für Halbheiten ist Luther nie gewesen.

Der Huren- oder Mönchskrieg

Dreizehn Jahre waren Katharina von Bora und Martin Luther glücklich verheiratet, führten eine vorbildliche christliche Ehe und waren in Wittenberg ein angesehenes Paar. Aus dem einstigen Rebell und Reformator war ein fast biederer Ehemann und Familienvater geworden und Katharina eine gute Hausfrau und Ehegattin.

Nicht nur Katharina und Martin Luther wurden daher von einer Schrift, in der ihr gemeinsames Leben heftig angegriffen wurde, völlig überrascht. Zwar gab es noch immer Luther-Gegner und Kritiker seiner Reformen, die Einführung der Priesterehe und seinen Kampf gegen das Zölibat, aber an Katharinas und Luthers ehelicher Moral und ihrem christlichen Familienleben zweifelte niemand, der sie kannte. So mußte jedenfalls bei denen, welche die Luthers in Wittenberg kannten und verehrten, die Schrift von Simon Lemnius, Student der Wittenberger Universität, an der Luther Professor war, auf großes Erstaunen und Unverständnis stoßen.

Lemnius, ein gebürtiger Schweizer, richtete seine 1538 verfaßte polemische Schrift besonders gegen die Person Luthers, er kritisierte darin aber auch das »wollüstige Leben« der Wittenberger Bürger. Nun war Wittenberg, die kleine Residenz, wie viele andere deutsche Kleinstädte keine Stätte der Sittsamkeit. In einer sittenlosen Zeit – nicht zuletzt durch das schlechte Vorbild der Päpste in Rom – und die kurze Lebensdauer waren die Städte in Deutschland keine Stätten von Sitte und Moral.

In Wittenberg sprach man nach dem Erscheinen der Sudelschrift von Lemnius vom »Hurenkrieg« oder sogar von einem »Mönchshurenkrieg«. Noch immer gab es Anhänger des Zölibats für die Priester. Und Frauen, die einen Priester geheiratet hatten, also auch Katharina von Bora, wurden von den Luther-Gegnern öffentlich als Huren bezeichnet. Das empörte vor allem Katharina und Martin Luther.

Was Simon Lemnius über die Greuel in dem »wollüstigen Wittenberg« in seiner Schrift geschrieben hatte, war eine

Schandschrift wider den von Luther propagierten und gelebten »heiligen Ehestand« und besonders gegen die Ehe der Priester, also auch gegen Luthers Ehe mit Katharina von Bora. Schon die Zueignung für Luther empörten ihn und alle seine Anhänger – und nicht nur sie. »Krieg der Mönche mit den Huren« richtete sich »An den hochberühmten, weltbekannten Herrn Doktor Luther, Erneuerer des Gottesdienstes, Verwalter des Gerichtswesens, Erzbischof von Wittenberg und obersten Geistlichen von ganz Sachsen, den Propheten Deutschlands«.

Die Anfangsverse hießen in der deutschen Übersetzung:

»An Luther
Verderber des Friedens und Unruhestifter
Treueloser Herrscher am Strom des sächsischen Landes:
Der du das dumme Volk mit Betrug und Rechtsbruch regierest
Und deinem Werk zum Ruhm verhilfst durch Verbrechen
Sachsens Städte beherrschst und sie zwingst zu den Waffen
Und dir ein eigenes Wittenberg selbst unterwirfst;
Der du verdammst, wer frei ist von Schuld, doch die Missetaten freisprichst,
Die Beklagten bedrückst mit falschen Künsten des Richters
Der du rechtschaffene Dichter verfolgst mit besonderen Lügen,
Und die kastalischen Göttinen fort aus der Stadt jagst;
Der du vieltausend gefangener Bauern gemordet
Und immer wieder zu graunvollen Kriegen die Hand rührst
Du unter dessen Befehl die Gräben trieften vom Blute
Eine Woge von Blut in roten Fluten dahinrann,
Und die Bürger so oft im Feuer des Bürgerkriegs brannten
So viel Unglück ertragen mußte das deutsche Land!
Wenn deine Zunge einmal ein Weilchen vom Schmähen wird lassen,
Und deine Mannheit sich grad' nicht mit Weibern beschäftigt,
So empfang mit unfreudiger Miene bitte diese meine Geschichte,
Und lies diese Scherze, die die Muse selbst mir eingab.
Wenn meine Musen dir dann trübseligen Trost nur gegeben,
Und meine Verse vielleicht dir gar nicht gefielen,

Besser für dich, wirst du sehn und aufrichtig sind meine Klagen
Und unschlüssigen Sinns wählst Liebespfänder du dir.«

Die Schmähschrift endet mit dem Chor der Babylonier:

»Spiele, Lust und Lieben
Und Genuß haben wir dir geschenkt, leb wohl nun Luther;
Man kann es auch anders nennen, Luther
Es besagt ja wenig oder nichts,
Ob du es das Fest des alten Priapus
(Gott der Fruchtbarkeit)
Ob du es Luperkalein (Wolfsfest)
Oder Floralien nennst,
Wie sie einst Cato sah.«

Diese Verse mußten Martin und Katharina Luther mißfallen. Katharina von Bora war entsetzt über dieses Spottgedicht. Daß die Verse überhaupt gedruckt werden konnten, war ein Zeichen von Freiheit und Toleranz im Kurfürstentum Sachsen. Aber Johann Friedrich von Sachsen, Luthers Landesherr, war über das Erscheinen der Spottverse nicht weniger empört als die Luthers, die sich in ihrer Ehre angegriffen fühlten. Sie beschuldigten ihren Freund und Nachbarn, Philipp Melanchthon, daß er diese Verse der Schmach und Schande eines Studenten der Wittenberger Universität habe drucken lassen. Doch Melanchthon erklärte, er habe sie vor dem Druck nicht gelesen. Beim Kurfürsten entschuldigte Melanchthon sich, da er in der Schrift nichts Anstößiges habe finden können. Melanchthon, der mit dem Studenten Lemnius befreundet war, wird in der Schrift von diesem sogar gelobt.

Wenige Tage nach dem Erscheinen der Spottverse erregte sich der leicht erregbare Martin Luther über den Verfasser derart, daß er ein entsetzliches Ungewitter gegen Lemnius entfesselte. »Luther donnerte also mündlich und schriftlich wider den unbehutsamen Epigrammatiker, und brachte es in der ersten Hitze sogleich dahin, daß ihm Stubenarrest angekündigt ward«, schrieb Gotthold Ephraim Lessing nach fast zweihundert Jahren. »Lemnius erschrak desto heftiger, je unvermuteter dieser Streit auf ihn fiel; er hörte, daß man allerhand falsche

Beschuldigungen wider ihn schmiedete, daß Luther die ganze Akademie mit seinem Eifer ansteckte; seine Freunde machten ihm Angst und prophezeiten ihm lauter Unglück.«

Für Lessing, den evangelischen Pastorensohn, bedeuteten die Schmähverse des Lemnius eine gemeine Niederträchtigkeit, und der Dichter der Aufklärung und Toleranz sah in der Schrift ein strafbares Buch. Er beschuldigte jedoch auch Luther, daß er sich über die spöttischen Verse so empört habe. »Wie hat Luther sagen können, daß ein paar satyrische Züge gegen Privatpersonen mit dem Leben zu bestrafen wären; er, der auf gekrönte Häupter nicht stichelte, sondern schimpfte.« Doch wolle er, Lessing, die Niederträchtigkeiten ebensowenig wiederholen als die von Lemnius. »So viel aber muß ich sagen: Was Lemnius hernach gegen Luther ward, das ist Luther hier gegen den Kurfürsten von Mainz.«

Lessing, der 1751/52 in Wittenberg Theologie studierte und die Fürstenschule St. Afra in Meißen besucht hatte, hat sich in seinen (fiktiven) »Briefen« mit dem »Hurenkrieg« von Wittenberg eingehend beschäftigt und Luther darin verteidigt. »Unser Hurenkrieg also ist eine kleine Schrift in Oktav auf drei Bogen, und hat folgende Aufschrift: ›Lutti Pisai Juvenalis Monachopornomachia: Des Lutis Pisäus Juvenalis‹ ›Krieg der Mönche mit den Huren Ad celeberrimum; An den hochberühmten, weitbekannten Herrn Doktor Luther, Erneuerer des Gottesdienstes, Verwalter des Gerichtswesens, Erzbischof von Wittenberg und obersten Geistlichen von ganz Sachsen, den Propheten Deutschlands‹« (Übersetzung der lateinischen schon erwähnten »Zueignung«).

Simon Lemnius, der Verfasser der Spottverse, war erst 1537 nach Wittenberg als Student gekommen. Melanchthon hatte ihm von der Stadt Augsburg ein Stipendium besorgt. Er galt als Schöngeist, begabt, aber charakterlos. Pfingsten 1538 verkaufte der »ehrlose Bube« etliche Epigramme seiner Schmähschrift gegen Luther an den Kirchtüren.

In der Spottschrift wird Katharina von Lemnius beschuldigt, mit einem gewissen Valens von Bibra ein Liebesverhältnis gehabt zu haben. Diesen Mann gab es tatsächlich in Wittenberg. Er war wohl einer der vielen Tisch- und Hausgenossen bei den Luthers, aber ein Liebhaber von Frau Luther ist er gewiß nicht gewesen.

Wenn Lessing die Schmähschrift von Lemnius auch scharf verurteilte, so nahm der aufgeklärte Dichter des 18. Jahrhunderts den spottenden Studenten in seinem »Zweiten Brief« in Schutz und kritisierte dagegen Luthers heftige Reaktion auf dessen Spottverse. »War es nicht genug, daß Luther ihn verfolgte, und muß sein Andenken auch noch von der Nachwelt befeindet werden?« Lessings große Verehrung für Martin Luther hat durch dessen heftige Angriffe auf Lemnius nicht gelitten: »Luther stehet bei mir in einer solchen Verehrung, daß es mir, alles wohl überlegt, recht lieb ist, einige kleine Mängel an ihm entdeckt zu haben, weil ich in der Tat der Gefahr sonst nahe war, ihn zu vergöttern. Die Spuren der Menschlichkeit, die ich an ihm finde, sind mir so kostbar, als die blendendste seiner Vollkommenheiten. Sie sind sogar für mich lehrreicher, als alle diese zusammen genommen.«

In seinem »Achten Brief«, den Lessing an Christian Wilhelm Franz Walch richtete, schrieb er: »Sie haben das Andenken dieser rechtschaffenen Frau bei mir nicht besser zu retten gewußt. Wären alle Beschuldigungen wahr, welche seine Feinde der Catharina von Bora machen, so müßte die Liebe über Luther allzu viele und allzu schimpfliche Macht gehabt haben, wann er das lüderlichste Weibsbild so zärtlich geliebt hätte, als er in der Tat seine Frau geliebt hat. Wegen ihrer Herrschsucht ist ihr Gedächtnis am meisten angefeindet worden, und ich selbst kann sie noch nicht recht davon freisprechen, ob ich gleich bekenne, daß Herr Walch alles gesagt hat, was man nur immer zu ihrer Rettung sagen kann. Er hat vieles beantwortet; ein Zeugnis aber hat er gleichwohl nicht beantwortet, vielleicht weil es ihm nicht bekannt gewesen.« Lessing meinte die Verse von Hericus Stephanus. Der Humanist der klassischen Philologie hatte in einem seiner Epigramme von der »Domina Cornelis« berichtet und mit ihr Katharina, Luthers Frau, gemeint. »Auf Cornelis/

Herrin nennt Cornelis seine Frau/Die schilt ohn schlägt wie einen Knecht.« Luther nannte seine Frau oft »Herrin« oder »Domina«. Ob Stephanus wirklich Katharina von Bora in seinem Epigramm gemeint hat, ist nicht ganz sicher.

Christian Wilhelm Walch, an den Lessing seinen »Achten Brief« richtete, schrieb, empört über die Angriffe auf Katharina und Martin Luther die »Wahrhaftige Geschichte der seligen Frau Catharina von Bora, D. Martin Luthers Ehegattin«. Das Buch von dem der »Weltweisheit außerordentlichem Professor auf der Universität zu Jena« war 1751 erschienen, zu der Zeit also, als Lessing in Wittenberg studierte. Mit seinem Buch wollte Walch das Andenken der »rechtschaffenen Frau« retten. 1752 erschien bereits die zweite Auflage des Buches.

In dieser ersten authentischen Biographie über Katharina von Bora geht Walch eingehend auf die adlige Herkunft von Luthers Frau ein und beschrieb sie mit den Worten: »Luther hat ein wunderschönes Fräulein aus der berühmten Borischen Familie geheiratet, die ihm aber, wie man saget, kein Heirathsgut zugebracht.« Der Anlaß seines Buches über Katharina von Bora war, wie Walch in seiner Vorrede schrieb, eine gewisse Schrift unter dem fürchterlichen Titel »Lucifer Wittenberg oder der Morgenstern von Wittenberg. Catharina von Bora, des vermeinten Eheweibes D. Martini Lutheri, in welchem alle ihre Scheintugenden erdichtete Großthaten, falsche Erscheinungen und elende Wunderwerke ans Tagelicht gestellt von R. B. Eusebio Engelhard«. Dieser Engelhard hatte einen Haß auf die evangelische Kirche und Luther. Christian Walch war Protestant und Anhänger von Luther.

Daß die Ehe der geflohenen Nonne mit dem ehemaligen Augustinermönch und Reformator von den Luther-Gegnern angegriffen und verspottet wurde, ist kaum erstaunlich. Sie war jahrelang Anlaß zu Spottversen und auch Karikaturen, zum Beispiel in den Holzschnitten zu den Leipziger Fastnachtspielen von 1530.

Luther ließ »Lemichen«, wie Simon Lemnius Name auf deutsch hieß, von der Universität verweisen, und seine

Schmähschrift gegen ihn und seine Frau wurde öffentlich verbrannt. Der Student wurde vor das Universitätsgericht geladen und sollte »widerrufen«. Aber er hatte sich durch die Flucht in die Schweiz einer öffentlichen Befragung entzogen. Für Katharina von Bora war Lemnius »Der Poetaster und Leutschänder«.

Luthers jugendlicher Freund Johannes Mathesius nannte die Spottschrift von Lemnius »eine Schandschrift wider den heiligen Ehestand und besonders wider die Ehe der Priester«. Lemnius habe seine Verse aus Verbitterung verfaßt.

Katharina und Martin Luther

Was Katharina von Bora nach ihrer Flucht aus dem Kloster Marienthron sich erhofft und gewünscht hatte, einen guten Ehemann zu finden, war eingetreten. Aber die Zeiten waren nicht gut, als Katharina von Bora und Martin Luther in den »heiligen Ehestand« traten. Es war das Jahr der Scheidungen und Entscheidungen, als sie sich ewige Treue schworen. Durch den Bauernkrieg war Deutschland in Blut getaucht. Nonnen wurden gewaltsam aus ihren Klöstern entführt und gegen ihren Willen entjungfert. Da mußte Katharina von Bora froh sein, nach ihrer freiwilligen Flucht aus dem Kloster im sicheren Hafen der Ehe gelandet zu sein in den Armen des starken Mannes, der die Freiheit des Christenmenschen gepredigt hatte.

Aber sicher war ihr Leben nicht. Das Leben von Martin Luther war immer noch gefährdet. »Herren, Pfaffen, Bauern – alles gegen mich und drohen mir den Tod an.« Um so mehr genoß er die häusliche Wärme und Geborgenheit der Ehe. Katharina Luther hatte das Augustinerkloster in Wittenberg, in dem Luther zuletzt alleine und unversorgt gelebt hatte, wohnlich eingerichtet, so daß sie sich, obwohl er noch gebannt und geächtet war, wie zu Hause fühlen konnte. Ein richtiges Zuhause hatte sie nie gekannt, schon als Kind war sie von den Eltern in die Klosterschule gebracht worden, so daß sie nun zufrieden war. Auch Luther war zufrieden. »Es ist kein lieber Ding auf Erden, denn Frauenlieb, wem sie mag werden.«

Ihrer beider Erfahrungen bis zur Heirat – Katharina als keusche Nonne und Martin Luther als enthaltsamer Mönch – waren für ihr Eheleben wichtig. Nach der Erkenntnis, »Gott hat

Martin Luther und Katharina Luther im Jahre 1528,
Gemälde von Lucas Cranach

gemacht, daß Mann und Weib nicht ohne einander sein können«, und »daß Mann und Weib sich lieb haben, eines sind« führten die Luthers eine glückliche Ehe. Herz und Sinne, Sitten und Lebenserfahrungen stimmten zusammen. Beide hatten sie freiwillig ihr Keuschheitsgelübde und das der Ehelosigkeit durchbrochen, um sich nun auch leiblicher Vereinigung hinzugeben. Durch das Klosterleben, das sie jahrelang geführt hatten, waren beide anspruchslos in ihren materiellen und individuellen Wünschen. Aus dem einst so streitbaren Luther war ein gütiger, sanfter und freundlicher Ehemann geworden.

Katharina Luther war zwar eine gehorsame und treue Ehefrau, aber sie ordnete sich ihrem Mann nicht unter, was Luther von ihr auch nicht erwartete, da nirgendwo in der Bibel davon die Rede ist, die Frau sei die Magd des Mannes, dafür viel von Liebe in der Ehe. Und Liebe setzt Gleichberechtigung zwischen den Partnern voraus. Aber trotz ihres Gehorsams gegenüber der Kirche und dem Ehemann zeigte Frau Käthe oder »Herr

Käthchen«, wie Luther sie auch gerne nannte, ihren eigenen Willen, und im Hause Luther gab es von Zeit zu Zeit auch einen Ehekrach.

Wie in anderen Ehen zur Zeit Luthers – und noch bis ins 20. Jahrhundert – gab es bei ihnen eine konsequente Arbeitsteilung. Sie war die »Herrin« im Hause, und er respektierte sie als solche. Einen seiner Briefe an sie begann er mit der Anrede: »Meinem lieben Herrn, Frau Katharina von Bora, D. Lutherin zu Wittenberg«. Die Lutherin war für Haus und Garten, für Küche und Keller und die Kinder zuständig. Er für die Kirche und die Theologie.

Luther ließ seine Frau im Hause schalten und walten ganz nach ihrem Willen und nach der Devise: »Das aber ist wahr in häuslichen Sachen, was das Hausregiment belanget, da sind die Weiber geschickter und beredter, aber im weltlichen politischen Regiment und Händeln taugen sie nichts, dazu sind die Männer geschaffen und geordnet von Gott, nicht die Weiber.« Wenn Luther auch von seiner Frau als »Herrin« sprach, so blieb er doch der Herr im Hause und bat Gott: »Gib mir Weisheit und Kraft, sie wohl zu regieren und zu verzeihen.«

Luthers Freunde aus der Zeit vor seiner Ehe waren nun auch Katharinas Freunde. Justus Jonas, der Schloßprobst, mit Luther seit seiner Studienzeit eng verbunden, und seine Frau Katharina geb. von Falk waren, wie Luther schrieb, ein Herz und eine Seele. Als er nach Halle berufen wurde, kam er nach Wittenberg, um die Luthers zu besuchen. Bald danach starb Katharina Jonas, und er verheiratete sich kurz nach dem Tod seiner Frau wieder, was auf großes Unverständnis bei Katharina Luther stieß, weshalb nur Luther ihm gratulierte. Nach dem Tod seiner zweiten Frau heiratete Jonas ein drittes Mal.

Engster Familienfreund der Luthers war auch Johannes Bugenhagen. Der in Pommern 1485 geborene Theologe war seit 1523 Stadtpfarrer in Wittenberg und war Katharinas und Martin Luthers Beichtvater. Die Beichte hatte Luther nicht abgeschafft.

Wie Katharina Luther war auch Elisabeth von Meseritz, die

Frau von Kaspar Kreuziger, aus dem Kloster geflohen. Luther hatte das Paar getraut, und sie waren gute Freunde. Obwohl Philipp Melanchthon ein enger Freund Luthers noch aus seiner Zeit als Mönch und sein nächster Nachbar war, die beiden Frauen verstanden sich nicht gut. Aber ihre Kinder spielten miteinander. Zwischen den Ehefrauen gab es wegen ihrer Herkunft und ihres Standes Rivalitäten. Johannes Agricola, wie Luther in Eisleben – als Johannes Schneider – geboren, aber zehn Jahre jünger als der Reformator, war neben Melanchthon der wohl engste Familienfreund. Als er durch Luthers Vermittlung an die Wittenberger Universität berufen wurde, lebte er mit seiner Frau und seinen neun Kindern im Schwarzen Kloster. Als es Streit zwischen ihnen wegen seiner Predigten gab, vermittelte ihm Luther eine Stelle als Hofprediger von Kurfürst Joachim II. nach Berlin.

Lucas Cranach, schon vor Luthers Heirat mit dem Reformator eng befreundet und wahrscheinlich sein »Ehestifter«, war nun auch Katharinas Freund und Berater. Ihm verdanken wir die Porträts von Katharina und Martin Luther und eines ihrer Kinder. Das Kinderporträt soll aber nicht ihre Tochter Magdalena darstellen, obwohl es Katharina von Bora stark ähnelt.

In Wittenberg war Katharina bald nach ihrer Hochzeit, da sie ganz mit Luthers theologischen und religiösen Gefühlen übereinstimmte, eine hochangesehene Person, aber nicht allseits beliebt. Man schätzte die Lutherin, wie sie genannt wurde, als Ehefrau des berühmten Reformators, wenn sein Ruhm seinen Höhepunkt nach der Heirat auch überschritten hatte. Sie war eine gesuchte Gesprächspartnerin und half Armen und Kranken, wo immer sie konnte.

Daß Katharina eine gute und wohl auch gutmütige Ehefrau war, das äußerte Luther gegenüber seinen Freunden. »Sie ist mir willfährig und in allen Dingen gehorsam und gefällig, vielmehr als ich zu hoffen gewagt hatte.« Den Gehorsam hatte sie im Kloster gelernt. Aber die Ehe der Luthers war kein Paradies. Häusliche Sorgen, materielle Unsicherheit und auch seelische Konflikte blieben trotz der gegenseitigen Achtung und Liebe auch bei den Luthers nicht aus. »Zuerst geht's wohl so an, daß sie einander, wie man sagt, vor Liebe fressen wollen. Aber wenn der Fürwitz aus ist, so ist der Teufel da mit dem Überdruße.« Auch bei Katharina und Martin Luther gab es Zwistigkeiten und eheliche Streitigkeiten. »Es geht in der Ehe nicht allzeit schnurgleich zu«, bemerkte Luther.

Sie suchten und fanden ihre Lust aneinander, und Katharina gebar sechs Kinder. Wie weit sie die Gärten der Lüste ausgekostet haben, darf man nur vermuten. Ihre häufigen Schwangerschaften sprechen für ein gesundes und natürliches eheliches Sexualleben.

Daß Martin Luther eine Familie gegründet hatte, brachte ihn dem Volke näher. Die Ehe war für ihn und für Katharina, da sie das Kloster verlassen hatte, ein sittliches Gebot.

Die Luthers in Wittenberg

Mehr als die Hälfte ihres Lebens, über ein Vierteljahrhundert, lebte Katharina von Bora in Wittenberg, zuerst als entflohene Nonne, dann als Ehefrau von Martin Luther und schließlich einige Jahre als Witwe. Da sie nie ein richtiges Elternhaus gekannt hatte, war Wittenberg ihre eigentliche Heimat.

Auch Martin Luther verbrachte mehr als die Hälfte seines Lebens, sogar fünfunddreißig Jahre, in Wittenberg, dreizehn Jahre als Augustinermönch und über zwanzig Jahre als Professor der Theologie, Pfarrer, Ehemann und Familienvater. Wittenberg war durch ihn das Zentrum der Reformation in Deutschland.

Die Luthers in Wittenberg, berühmt, verehrt, bestaunt, aber von den Gegnern der Reformation auch angefeindet, führten in dem ehemaligen Augustinerkloster ein, wie wir heute sagen würden, bürgerliches Leben, auch wenn Katharina Luther adliger Herkunft war.

Ein feste Burg

Aus dem »weißen« Kloster Marienthron war Katharina von Bora in die Freiheit geflohen, um zu heiraten. Als Frau von Martin Luther lebte die ehemalige Zisterziensernonne über zwei Jahrzehnte im »Schwarzen Kloster« zu Wittenberg, das bis 1524 das Kloster der Augustinermönche gewesen war.

Luthers Landesherr und Beschützer schenkte dem Ehepaar Luther nach der Hochzeit das einstige Klostergebäude samt

Die Lutherstube im Schwarzen Kloster

Garten und Brunnen. Martin Luther hatte in dem Kloster auch nach seinem Ordensaustritt, bis zu seiner Heirat, mit einem »Burschen« gelebt.

Katharina von Bora, nun Frau Luther oder Lutherin, doch

von Martin Luther auch mit ihrem Mädchennamen angeredet, richtete das Kloster nach ihrem Geschmack mit Eichenmöbeln ein. Das Kloster war ihr und auch Luthers »feste Burg«, eine Festung Gottes, unerschütterlich wie ihr Glaube – trotz oder wegen ihres Austritts aus dem Kloster.

In die Wohnstube, die noch erhaltene berühmte »Lutherstube«, kam ein Kachelofen. Die Lutherstube wurde allerdings erst nach zehnjähriger Ehe als Familienzimmer eingerichtet.

Luthers ehemalige Mönchszelle wurde sein Studierzimmer, zu dem eine kleine Wendeltreppe führte und in der er ungestört arbeiten konnte.

Neben der gemeinsamen Wohnstube und der Schlafstube gab es einen großen Speisesaal, das ehemalige Refektorium. Katharina ließ in dem großen Gebäude auch eine Badestube einbauen, zu jener Zeit eine Novität. (In der Regel wurde in öffentlichen Badestuben gebadet.)

Das Lutherhaus, wie das ehemalige Augustinerkloster damals und heute genannt wurde, war bald geistiges und gesellschaftliches Zentrum der Stadt Wittenberg, ein Anziehungspunkt für Gelehrte, Theologen, Professoren und Studenten, für Adlige und Bürger aus jenen Teilen Deutschlands und Europas, die sich zu Luthers Reformation und dem neuen evangelischen Glauben bekannt hatten. Bald nach der Hochzeit besuchten ehemalige Ordensschwestern in Wittenberg Katharina und Martin Luther. Drei Jahre nach ihrer Heirat waren drei adlige Klosterfrauen zu Gast bei ihnen. Das Schwarze Kloster war eine Zufluchtsstätte für entflohene Nonnen. Die ehemaligen Mönchszellen eigneten sich hervorragend für die Aufnahme von Übernachtungsgästen.

Katharina Lutherin, wie sie Luther gerne nannte und wohl auch seine Anhänger, war die Frau eines Professors der Universität, und von ihr wurde erwartet, daß sie in ihrem Hause eine »Burse«, einen Mittagstisch für Angehörige der Universität einführte. Gleichzeitig war Katharina Pfarrfrau in Wittenberg und als solche eine bekannte Persönlichkeit der Stadt.

Da das Kloster groß war und viele Schlafräume, die ehemaligen Mönchszellen, besaß, kamen aus allen Orten Männer und Frauen, alte und junge, reiche und arme, um sich bei ihnen einzuquartieren, manchmal für Tage, oft für Wochen oder gar Monate und Jahre. Sie wollten Luther sehen und hören, mit ihm speisen und trinken, wohl auch diskutieren über seine Lehre vom christlichen Glauben und singen. Die Aufnahme von Fremden kannte Katharina von Bora aus ihrer Zeit als Nonne. Die Klöster waren bis ins 17. und 18. Jahrhundert oft die einzigen »Hotels« im Lande. Reisende, meist Wanderer, die Aufnahme zur Übernachtung begehrten oder Speisen verlangten, wurden beherbergt und kostenlos beköstigt.

Durch die Reformation gab es in Deutschland und auch andernorts viele Flüchtlinge, die wegen ihres Glaubens verfolgt wurden. Und es war für Katharina und Martin Luther selbstverständlich, daß sie ihnen in ihrem großen Haus Asyl gewährten. Auch Witwen und Waisen erhielten Unterkunft und Verpflegung im Schwarzen Kloster, gleich, ob sie arm oder reich waren. Die meisten waren arm. Bis auf die Bankiers, die Fugger und einige Patrizier in Augsburg und Nürnberg, war Deutschland zu Beginn der Neuzeit ein armes Land. Auch die Adligen, selbst wenn sie auf ihren Burgen und Schlössern lebten, hatten wenig Geld.

Katharina von Bora, die bis zu ihrer Heirat nie mit Geld zu tun hatte, weil sie keines besaß und auch kein Geld brauchte, entwickelte sich zu einer geschäftstüchtigen Hausfrau, aus Not und Notwendigkeit, da Luther für alle Gelddinge kein Interesse zeigte, keine Vorlesungsgelder von seinen vielen Studenten forderte und auch für seine Bücher und die Bibelübersetzung nie ein Honorar annahm. Da der große Haushalt mit den vielen Gästen aber viel Geld erforderte, kassierte die Lutherin von ihnen, so sie in der Lage dazu waren, Bargeld.

Viel bares Geld brauchte sie nicht, da sie für das, was auf den Tisch kam, alles aus eigener Schlachtung, den Fischteichen und dem großen Garten bezog. Aber die Mägde und das Gesinde verlangten Geld, und es mußte ständig etwas angeschafft werden in dem großen Haushalt. Wenn sich Luther für materielle

Die Katharinenpforte am Schwarzen Kloster

Dinge auch kaum interessierte, erstaunt, wie oft er in seinen Briefen von Geld, von Gulden, schreibt.

Das ehemalige Augustinerkloster, seit 1524 im Besitz von Luther, wurde 1532 sein Eigentum als sogenanntes Freihaus.

Als Professor erhielt er von dem Kurfürsten Johann, seit 1525 Kurfürst von Sachsen, ein Jahresgehalt von zweihundert Gulden. Das war damals ziemlich viel Geld.

Zum Geburtstag schenkte Katharina ihrem lieben Martin die schöne spätgotische Eingangspforte zu dem Kloster, die nach ihr noch heute »Katharinenportal« genannt wird. Die Baldachine der Sitznischen sind mit der Lutherrose und der Inschrift »Er (Christus) lebt« geschmückt und dem Lutherporträt in Stein mit der lateinischen Umschrift »Durch Stillesein und Hoffen würdet ihr stark sein«.

Nicht nur Deutsche – aus evangelischen Landen – waren Gäste bei der Familie Luther im Schwarzen Kloster. Es kamen auch viele »Ausländer«, Ungarn, Österreicher, Holländer und sogar Engländer zu den Luthers nach Wittenberg. Der böhmische Edelmann Hineck Perknowsky von Berknaui, der 1530 an der Wittenberger Universität studierte, war als »böhmischer Herr« ein ständiger Gast bei ihnen. Der ungarische Reformator Mathias Dénay lebte von 1529 bis 1550 bei freier Kost und freier Wohnung bei den Luthers. Als er nach Buda zurückkehrte und dort den neuen Glauben predigte, wurde er von dem dortigen katholischen Geistlichen verklagt, aber nicht zum Tode verurteilt, wie es sonst allgemein üblich war. Zehn Jahre später mußte er mit seinen Glaubensgenossen aus Ungarn flüchten und kam zurück nach Wittenberg.

Der Österreicher Wolfgang Schiefer von Freyling, einst Erzieher von Erzherzog Maximilian I., der von 1508 bis 1519 deutscher Kaiser war, konnte sich am streng katholischen Hof von Karl V., Maximilians Nachfolger, nicht halten. Er war ebenfalls häufiger Gast bei Katharina und Martin Luther. Sogar aus England, aus Oxford, kamen Gelehrte, um bei den Luthers in Wittenberg zu wohnen. Robert Barns erschien im Sommer 1531 in Wittenberg bei Luther, um ein Gutachten für Heinrich VIII. einzuholen, da sich der König scheiden lassen wollte, um Anna Boleyn zu heiraten. Unter dem Namen Antonius Anglus lebte er bei den Luthers einige Zeit in Wittenberg. Als Heinrich VIII. sich von Rom losgesagt hatte, holte ihn der König nach England zurück und ernannte ihn zum Kaplan.

Auch Fürsten begehrten Aufnahme im Hause Luther. Als Fürst Georg von Anhalt im Frühjahr 1542 nach Wittenberg kam und im Kloster bei den Luthers wohnen wollte, wurde ihm jedoch von seinen Ratgebern davon abgeraten, weil das Lutherhaus überfüllt sei von den verschiedensten Leuten und viel Unruhe in dem Kloster herrsche. Der Herzog von Sachsen, Georg von Sachsen, Luthers Widersacher, war zornig. »Du (Luther) hast zu Wittenberg ein Asylum eingerichtet, daß alle Mönche und Nonnen, so uns unsere Klöster berauben mit Nehmen und Stehlen, die haben bei Dir Zuflucht und Aufenthalt, als wäre Wittenberg, höflich zu reden, ein Ganerbenhaus aller Abtrünnigen des Landes.«

Es stimmte, daß die Luthers aus den Klöstern »entflohene« Mönche und Nonnen aufnahmen, da sie alle mittellos waren. Unter ihnen waren auch die ehemaligen Nonnen Margarete von Mochau und Else von Kanitz, die »ehrbare, tugendsame Jungfrau«. Luther hatte sie nach Wittenberg eingeladen, um seine Kinder zu betreuen und zu unterrichten. Aber sie kam nicht.

Die Kurfürstin Elisabeth von Brandenburg, geb. Prinzessin von Dänemark, die sich dem Glauben Luthers zugewandt hatte und deshalb fliehen mußte, fand Unterschlupf bei der Familie Luther, während ihr Mann, Kurfürst Joachim I., zu der Zeit noch zu Rom hielt. Der Nestor von Brandenburg trat erst später zum »neuen« Glauben über. 1528 war die Herzogin Ursula von Münsterberg, eine Cousine des Herzogs Georg von Sachsen, die zusammen mit dreizehn Nonnen aus dem Kloster Freiberg entflohen war, Gast bei den Luthers in Wittenberg.

Bei der Familie Luther lebten auch viele ihrer und seiner Verwandten – Florian von Bora, der in Wittenberg studierte und im Kloster bei ihnen wohnte, war ein Sohn von Katharinas ältestem Bruder. Hans Polner, der ebenfalls in Wittenberg studierte und im Schwarzen Kloster wohnte, war der Sohn einer Schwester von Luther. Cyriak Kaufmann, ebenfalls Student in Wittenberg, war ein Sohn einer verstorbenen Schwester Luthers. Er begleitete seinen Onkel 1530 nach Coburg und Luther schickte ihn weiter zum Reichstag nach Augsburg. Martin Luther, der 1539 an die Wittenberger Universität kam, war ein Sohn seines Bruders Jakob.

Daß Katharina Luther eine gute Köchin war – und ihr Mittagstisch auch deshalb so begehrt war –, beweisen die Porträts von Luther aus dieser Zeit. Als er heiratete, sah er noch wie ein asketischer Mönch, der er auch gewesen war, aus. Nach nur vierjähriger Ehe zeigt das Bildnis von Lucas Cranach ihn als dickwangigen Mann mit Doppelkinn und voll sinnlicher Leidenschaft.

Beste Freundin Katharinas war Käthe Jonas, die Ehefrau von Luthers Studienkollegen aus seiner Erfurter Zeit, ein Jurist, der Professor der Theologie in Wittenberg war und Probst am Allerheiligenstift. Freundin von Katharina war auch die Österreicherin Dorothea Jörger von Tollet, ein »Hausfreund« der Ungar Mathias von Vai. Der Jurist Johannes Schneidewin soll zehn Jahre Katharinas »Haus- und Tischgenosse« gewesen sein. Mit ihrem ehemaligen Verehrer Hieronymus Baumgärtner, den sie gerne geheiratet hätte, stand sie in brieflichem Kontakt, aber auch Luther schrieb ihm Briefe, als er ein halbes Jahr auf der Veste Coburg lebte. »Ich grüße Dich im Namen meiner Herrin, Deiner einstigen Flamme; so werde ich ihr erzählen, wenn ich heimkomme. So pflege ich auch sie in Deinem Namen zu necken.« Als Baumgärtner aus Glaubensgründen vom Ritter Albrecht von Rosenberg gefangen wurde, setzte sich Luther für seine Freilassung aus der Festung ein und intervenierte für ihn beim Landgrafen von Hessen.

Luther scheint nicht eifersüchtig gewesen zu sein. Aber Katharina, die ihren Martin über alles liebte, scheint von Eifersucht nicht frei gewesen zu sein. Als Luther seine Käthe einmal neckte, es werde noch dahin kommen, daß ein Mann mehr als ein Weib nehme, soll sie ihm geantwortet haben: »Bevor ich das zugebe, würde ich lieber wieder ins Kloster gehen und Euch und alle Kinder verlassen.«

Martin Luther im Jahre 1532,
Gemälde von Lucas Cranach

Auch Justus Jonas, der zunächst dagegen gewesen war, daß Luther die einstige Nonne Katharina von Bora geheiratet hatte, mochte die »Doktorin«, wie Katharina auch in Wittenberg genannt wurde, gut leiden. Nicht so herzlich waren die Beziehungen zu ihrer Nachbarin Käthe Melanchthon. So sehr Luthers Freunde seine Frau Katharina schätzten, beliebt soll sie in Wittenberg nicht gewesen sein.

Die Luthers waren angesehene Bürger der Stadt. Als Pfarrer der Stadtkirche, Doktor und Professor genossen er und sie gesellschaftliches Ansehen und durften sich kleiden wie Adlige. Nach einer 1498 auf dem Reichstag zu Freiburg verabschiedeten Kleiderordnung waren Doktoren und Adlige in der gesellschaftlichen Rangordnung gleichgestellt.

Nach einer Kleiderordnung von Kaiser Karl V. aus dem Jahre 1530 war für jeden Stand, für Adlige, Bürger und Bauern, eine strenge Kleiderordnung vorgesehen. Luther, bäuerlicher Herkunft, sprach sich für eine standesgemäße Kleidung aus, um die Erhaltung der mittelalterlichen Stände auch äußerlich kundzutun. Als Pfarrer trug er eine schwarze Schaube, einen reich gefalteten langen Mantelrock mit hochstehendem Kragen. Damit wollte er seine »Weltlichkeit« zum Ausdruck geben, sich von den Mönchen absetzen. Andererseits trat er für einen Chorrock für die Pfarrer ein, »damit er als eine andere höher gestellte Person erkannt, angesehen und gehalten wird«. Die von den Reformatoren getragene lange schwarze Schaube und das schwarze Barett wurden nach Luthers Tod zum Luthertalar. Der »Lutherrock« ist seit dem 19. Jahrhundert die Amtstracht der evangelischen Pfarrer.

Zu Hause trug Luther gerne bunte Kleider. Obwohl er gegen den Luxus der Reichen wetterte, freute auch er sich an schönen Stoffen, Kleidern und Ringen, die ihm der Kurfürst, die Ratsherren oder Freunde und Gönner schenkten.

Wie Luther trug auch Katharina von Bora als Luthers Frau standesgemäße Kleidung. Sie kleidete sich wie eine Adlige, die sie von Geburt auch war, und trug die modische Kleidung ihrer Zeit. Die Renaissancemode aus kostbaren Stoffen war reich verziert mit Gold, Perlen und Edelsteinen. Frauen gaben für ihre Kleidung große Summen aus. Luther liebte es, wenn die Menschen, nicht nur die Damen, sich schön kleideten und lobte das Tragen von Pelzen bei den Frauen. Katharina trug gerne ein pelzgefüttertes Jäckchen über ihrem schwarzen Samtmieder.

Der Kleiderluxus in der Renaissance spiegelte das gewachsene bürgerliche Selbstbewußtsein wider. »Die qualitative Ausstattung der Kleidung in Material und Schmuck, nicht der Schnitt, bezeichnet den Stand des Trägers«, schreibt Elke Stiegler, Diplom-Historikerin, in »Mode zur Lutherzeit« in der Schriftenreihe der Staatlichen Lutherhalle Wittenberg.

Kurfürst Johann schenkte Luther kostbare Kleider und Gewänder. Ihm zu Ehren wolle er den schwarzen Rock tragen »wiewohl er mir doch zu kostbar ist. Und wenn es nicht E. K. F. G. Geschenk wäre, ich nimmermehr solchen Rock tragen würde.« (17. August 1529).

Erste Ehejahre

Das Glück der Katharina von Bora, in Luther einen guten Ehemann gefunden zu haben, scheint unendlich groß gewesen zu sein. Und sie tat alles für sein seelisches und körperliches Wohl, um ihn glücklich zu machen. Noch immer hatte Luther gelegentlich seelische Depressionen und war von körperlichem Unwohlsein befallen. Unermüdlich war Katharina in Haus und Garten tätig, so daß Luther schrieb: »Es ist der größte Schatz auf Erden, eine liebe Hausfrau.«

Der sensationellen Hochzeit der geflüchteten Nonne Katharina von Bora mit dem ehemaligen Augustinermönch Martin Luther und berühmten Reformator folgten relativ ruhige Ehejahre. Das häusliche Glück war jedoch nicht frei von Kummer und Sorgen. Luther litt an der Melancholie, die eine zeitmodische Erscheinung war. Er nannte sie »Satans Bad«. Auch war er körperlich häufig krank, wurde von Ohrensausen geplagt, das zu Ohnmachten führte.

Nicht selten fürchtete Luther, bei seinen Anfällen zu sterben. Bei einer seiner Attacken sagte er zu seiner Frau: »Meine allerliebste Käthe, ich bitte dich, will mich unser lieber Gott auf diesmal zu sich nehmen, daß du dich in seinen gnädigen Willen ergebest, du bist mein ehelich Weib. Laß die blinde, gottlose Welt dawider sagen, was sie will, richte du dich nach Gottes Wort und halte fest daran, wider den Teufel und alle seine Lästermäuler.«

Katharina, in der Heilkunst während ihrer Klosterzeit geübt, legte dem sich sterbenskrank fühlenden Luther warme Tücher und Kissen auf den Leib, die Brust und Füße und tröstete ihn: »Mein liebster Herr Doctor, ist's Gottes Wille, so will ich euch bei unserm lieben Herrn Gott lieber, denn bei mir wissen.«

Nun fragte Luther nach seinem 1526 geborenen Sohn. »Wo ist denn mein allerliebstes Hänschen?« Katharina brachte ihn zu Luther: »O, du gutes armes Kindlein, nun ich befehle meine allerliebste Käthe und dich armes Waislein meinem lieben frommen treuen Gott: Ihr habt nichts, Gott aber, der ein Vater der Waisen und ein Richter der Witwen ist, wird euch wohl ernähren und versorgen.«

Dann sprach Luther von dem silbernen Becher. Katharina war sehr erschrocken, zeigte ihm aber nicht ihren Kummer, sagte vielmehr: »Wollet euch, mein allerlieber Herr, meinetwegen nicht bekümmern, ich befehle euch seinem göttlichen Willen, ich hoffe und traue zu Gott. Er wird euch gnädiglich erhalten.« Katharinas Wunsch erfüllte sich. Luther genas. Am nächsten Abend hielt er Abendmahl.

Auf dem Reichstag zu Speyer, im Frühjahr 1526, hatten die Kurfürsten auf eine erneute Verurteilung Luthers als Ketzer verzichtet, und der Bann wurde aufgehoben. Katharina von Boras Ehemann Martin Luther war nun nicht mehr vogelfrei und konnte überall ungehindert umherreisen. Auch der Augustinerorden, aus dem Luther vor seiner Heirat ausgetreten war, söhnte sich mit dem Reformator aus. Der Mönchsorden holte sich sogar von ihm Rat in theologischen Fragen. Aber der Glaubenskrieg ging weiter. Doch der Bauernkrieg war beendet. Luther hatte die sich bekämpfenden Parteien, Bauern und Adel, ermahnt, den Krieg zu beenden und zum Frieden zurückzukehren.

Luther, der streitbare Theologe und unerbittliche Reformator, der sich weder vor dem Kaiser noch vor dem Papst beugte, war ein braver und liebender Ehemann geworden, obwohl er nicht aus Liebe geheiratet hatte. »Meine Käthe hatte ich damals nicht lieb.« Die Liebe kam erst beim harmonischen ehelichen Zusammenleben. »O, wie wol stehet's wenn Eheleute mit einander zu Tische und Bette gehen. Ob sie gleich zuweilen schnurren und murren, das muß nicht schaden.« Doch: »Das Beyschlafen ist bald gestillet, auch in Hurerey; aber Kinder sind die lieblichsten Früchte und Band der Ehe.«

Ein Jahr nach der Heirat war Luther ziemlich schwer krank. Er litt, wie schon vor der Hochzeit, an seinem Steinleiden. Und in Wittenberg war die Pest ausgebrochen. Die Universität flüchtete mit ihren Professoren und Studenten nach Jena. Luther blieb mit Katharina in Wittenberg, um dem Stadtpfarrer Bugenhagen beizustehen und die Toten zu bestatten. Zu dieser Zeit dichtete er das Lied »Ein feste Burg«.

Trotz seiner robusten Natur litt Luther, da er sich nie schonte, übermäßig aß und trank, ständig überarbeitet war, an den verschiedensten Krankheiten, an Gicht und Verstopfung, an Nierensteinen und Herzbeschwerden. Die Steine machten ihm das Leben oft zur Hölle, an die er nach wie vor glaubte. Eine deftige Mahlzeit – Bratheringe und kalte Erbsen mit Senf – sollen jedoch dafür gesorgt haben, daß ein Stein sich löste und er von seinen Höllenqualen erlöst wurde, nicht nur physisch.

Das Jahr 1527 wurde für Luther ein Leidensjahr. Im Sommer erkrankte Martin Luther erneut schwer. Diesmal litt er an starken Herzbeschwerden, Beklemmungen in der Brust. Wieder glaubte er, es sei eine Anfechtung des Teufels und dachte an sein nahendes Ende. Am 6. Juli läßt er seinen Beichtvater, den Stadtpfarrer und Freund Johannes Bugenhagen, rufen. Der erteilte ihm die Absolution. Danach fühlte sich Luther freier und sprach über sein Leben. »Von außen her beurteilt, aufgrund meines Lebenswandels, mag es den Anschein haben, daß ich auf lauter Rosen gehe. Aber Gott kennt mein Leben. Oft habe ich versucht, der Welt zu dienen, mit äußerer Würde und heiligem Ernst. Öffentliche Verbrechen kann die Welt in der Tat nicht gegen mich vorbringen, das ärgert sie um so mehr.«

Auch in der vermeintlichen Todesstunde ist Luther ein hellwacher Streiter gegen die Welt seiner Feinde, die mit seiner Heirat nicht kleiner geworden war.

Nach dem Abendmahl fühlt sich Luther besser. Katharina, im vierten Monat schwanger, glücklich, daß Luther dem Tode – und dem Teufel – entronnen ist, richtet für sich und die Wittenberger Freunde, die sich in dem Klosterbau versammelt haben, ein Abendessen. Doch da fühlt sich Luther erneut sterbenskrank. »Am 9. Juli hat Dr. Martinus Lutherus, unser lieber Vater, eine schwere Anfechtung gehabt. Er hat zwar zuvor wohl mehr solche Anfechtungen erlitten, aber nie so heftig als dieses Mal«, soll Katharina zu den Freunden nachher gesagt haben.

Luther kam trotz seiner Anfechtungen zu dem Abendessen in den Speisesaal hinunter, soll aber, wie Max von Wellefels berichtet, nur wenig gegessen und getrunken haben. »War sonst aber guter Dinge.«

Nach dem Essen ging Luther mit Dr. Jona, seinem Arzt, in den Garten. Da überfiel ihn erneut eine starke Schwäche und Traurigkeit. Katharina erklärte ihren Gästen, Luther habe sich zu Bette gelegt. Doktor Jona war ihm gefolgt. »O, Herr Doktor Jona, mir wird übel, Wasser her oder was ihr habt, oder ich vergehe. Betet.« Der Arzt wickelte statt dessen Luthers eiskalten Leib in heiße Tücher. »Mehr als eine Woche bin ich in Tod und Hölle hin und her geworfen, am ganzen Leibe fühl ich mich geschlagen, mir zittern noch alle Glieder«, schrieb er am 2. August 1527 an Philipp Melanchthon.

Das Reisen zum Vergnügen war damals noch nicht in Mode und mit großen Beschwernissen verbunden, dennoch war Katharina von Bora häufig in Wittenberg allein, da Luther abwesend war. Als 1530 in Augsburg der Reichstag stattfand, lebte sie ein halbes Jahr von Luther getrennt. Die Reichsacht war zwar aufgehoben, dennoch wagte es Luther nicht, nach Augsburg zu reisen. Mit seinem Neffen reiste Luther aber nach Co-

Katharina von Bora als Ehefrau,
nach einem Kupferstich von Lucas Cranach

burg, um von dort aus die Beratungen der Fürsten über die »neue« und die alte Religion, über Protestantismus und Katholizismus, zu verfolgen.

Auf der Veste Coburg war er Gast des Fürsten und wohnte im Fürstenbau. Von seinem Zimmer mit Blick in die Thüringer Berge, die ihn an die Wartburg erinnerten, schrieb er seiner Frau, an »meine herzliebe Käthe«, was ihn innerlich bewegte und »Gruße, Kuss und Herze«. Katharina schickte ihm ein Bild von ihr, das ihm »wohl gefallet« hatte und das er sich an die Wand seines Zimmers klebte.

In Coburg erhielt Luther die traurige Nachricht, daß sein Vater gestorben war. Er konnte nicht zur Beerdigung nach Eisleben reisen. Ein Jahr später starb seine Mutter. Nun war Luther völlig auf sein liebes Kätchen angewiesen.

Kinder, Küche, Kirche

Lebensinhalt bildeten für Katharina von Bora als Luthers Frau die berühmten drei K's: Kinder, Küche und Kirche. Ein Jahr nach der Hochzeit, am 7. Juni 1526, wurde ihr und Luther ein Sohn geboren, den sie zwei Stunden nach der Geburt auf den Namen Johannes tauften und nach Katharinas und Luthers Vater Hans nannten. Gevatter (Taufpaten) waren der Superintendent Bugenhagen, Propst Justus Jonas, Lukas Cranach, Gevatterin war die Frau des Bürgermeisters Hohndorf. Über ihr Glück, dem geliebten Manne einen Sohn geschenkt zu haben, wissen wir nichts. Aber von Luthers großer Freude zeugt ein Brief.

»Mein treffliches liebes Weib hat mir mit Gottes Segen ein Söhnlein Hänschen Luther geboren und durch Gottes wunderbare Gnade bin ich Vater geworden.« Seinem ehemaligen Schüler und Mitstreiter Johann Agricola von Eisleben berichtete Luther am 27. Juni: »Johannes Lütherlein ist gesund. Die Mutter hat bisher Mangel an Milch gelitten und noch befeuchtet sie kaum den Gaumen des Kindes mit wenigen Tropfen.«

Seinem gleichaltrigen Freund Spalatin, Ratgeber Friedrichs des Weisen, der ebenfalls geheiratet hatte, schrieb Luther Ende Juni: »Übrigens ist mein Johannellus (Hänschen) wohl, sammt seiner Mutter, nämlich soweit es für ein Kind und eine Wöchnerin ausreichend ist. Christo sei Dank.« Einige Tage später: »Es sagt mein Hirschlein Johannes samt seiner Hindin (Hirschkuh) dir großen Dank, zugleich wünscht er dir auch ein eben solches Hirschlein von deiner Hindin.« Spalatins Frau war hochschwanger.

Der Geburt des ersten Kindes hatten Katharina und Martin Luther mit einigen Ängsten entgegengesehen. Der noch überall verbreitete Aberglaube, aus einer solchen Verbindung wie der ihrigen – einer ehemaligen Nonne mit einem ehemaligen Mönch – könne ein zweiköpfiges Monster entspringen, war auch ihnen wohl vertraut. Wie groß Luthers Aberglaube war, bewies sein Eintritt ins Kloster nach dem Blitzeinschlag.

»Was wäre aus der Reformation geworden, wenn das erste Kind der Luthers tatsächlich behindert gewesen wäre«, so Heiko Oberman.

Gleich nach der Geburt, am 8. Juni 1526, schrieb Luther seinem Schwager Doktor Johann Rühel, der in Eisleben Kanzler der Grafen Mansfeld war, in einem Brief, dem er vier tröstliche Psalmen an die Königin von Ungarn beilegte: »Wollet auch von mir Magister Eisleben sagen, daß mir meine liebe Käthe von großer Gottes Gnaden einen Hansen Luther gebracht hat gestern um zwei.«

Ein Jahr, sechs Monate und drei Tage später, am 10. Dezember 1527, wird Katharinas zweites Kind, eine Tochter geboren, die auf den Namen Elisabeth getauft wird. Johannes Bugenhagen, seinem Freund, berichtete Luther voller Dankbarkeit: »Herr Gott ich danke Dir, daß Du mich einen armen Bettler auf Erden hast sein lassen. Ich habe kein Haus, Besitz oder Geld zurückzulassen. Du hast mir eine Ehefrau und Kinder geschenkt, die vertraue ich Dir an. Ernähre, unterweise und bewahre sie wie Du bisher mich bewahrt hast. O Du Vater von Kindern und Witwen.«

Im Sommer war Luther so schwer krank gewesen, daß er glaubte sterben zu müssen. Und im Lutherhaus war die Pest ausgebrochen. »In meinem Hause ist allmählich ein Hospital entstanden. Hanna, Augustins Frau (die Frau von Luthers Arzt Augustin Schurff), hat die Pest in sich gehabt, kommt aber wieder auf. Margarethe von Mochau hat uns durch ein verdächtiges Geschwür und andere Anzeichen Angst gemacht, obwohl auch sie wieder gesund wird. Ich fürchte sehr für meine Käthe, die der Niederkunft nahe ist, denn auch mein Söhnchen ist seit drei Tagen krank, ißt nichts und fühlt sich schlecht. Man sagt, es sei der Schmerz vom Zähnekriegen, aber man glaubt, daß beide in großer Gefahr sind. Denn des Kaplans Georg Frau, die selber unmittelbar vor ihrer Niederkunft steht, ist von der Pest ergriffen worden, und man versucht bereits, ob das Kind irgendwie gerettet werden kann.« (Hanna Rörer, eine Schwester von Bugenhagen, wurde durch Kaiserschnitt entbunden und starb nach der Geburt des toten Kindes.)

Die im Dezember geborene Tochter Elisabeth starb am 3. August 1528, wahrscheinlich an der noch immer in Wittenberg wütenden Pest. Auf ihrem Grabstein steht: »Hier schläft Elisabeth, M. Luthers Töchterlein« (in lateinischer Sprache).

An Nikolaus Hausmann, Stadtpfarrer in Zwickau, schrieb Luther am 5. August, einen Tag nach ihrer Beerdigung: »Gestorben ist mir mein Töchterlein Elisabethchen, es ist seltsam, welch trauriges, fast weibisches Herz sie in mir hinterlassen hat, so bewegt mich der Jammer über sie. Nie zuvor hätte ich geglaubt, daß die väterlichen Herzen bei ihren Kindern so weich werden.«

Bald nach dem Tod der Tochter wurde Katharina wieder schwanger. Ende September 1528 schrieb Luther an Eberhard Brisger, dem letzten Prior im Augustinerkloster zu Wittenberg und durch Empfehlung Luthers nun Pfarrer in Altenburg: »Ich habe wieder ein Töchterlein im Bauch. Gott gebe seinen Segen und Du bete.« Luther fühlte sich, wie diese Äußerung beweist, eins mit Katharinas Leib.

Neun Monate nach dem Tod der Tochter Elisabeth, am

4. Mai 1529, gebar Katharina in der Himmelfahrtsnacht wieder eine Tochter, die auf den Namen Magdalena getauft wurde. An seinen Freund Nikolaus von Amsdorf schrieb er am nächsten Morgen: »Den letzten Brief über den betrügerischen Verlobten schrieb ich, während meine Käthe neben mir saß, die sich plötzlich unter den einsetzenden Wehen zu winden begann. Und etwa drei Stunden nach diesem Brief hat sie, selbst wohlbehalten, eine gesunde Tochter geboren. So hat uns Gott dadurch reichlich gesegnet, daß die Geburt glücklich verlaufen ist; ihm sei Ehre in Ewigkeit, Amen.« Dann bittet Luther seinen Freund, erster evangelischer Bischof in Magdeburg, »wollet ein christliches Amt annehmen und derselben armen Heidin geistlicher Vater sein und ihr zu der heiligen Christenheit helfen durch das himmlische, hochwürdige Sakrament der Taufe. So sollst Du der geistliche Lehrer meiner Tochter sein. Der Propst Heinrich von Delden wird unterdessen Dein Stellvertreter sein.« An die Taufpatin, Frau Goritzen, Ehefrau des Magisters der Wittenberger Universität, Goritzen, schrieb Luther: »Gnad' und Fried' in Christo! Ehrbare tugendsame Frau, liebe Freundin! Ich bitt Euch um Gottes Willen: Gott hat mir eine junge Heidin bescheret, Ihr wollet so wohl thun und derselben armen Heidin zur Christenheit helfen und ihre geistliche Mutter werden.«

Magdalena starb im Alter von dreizehn Jahren. In der Stadtkirche, wo Luther dreimal in der Woche predigte, steht hinter der Säule neben dem Altar ihr Epitaph. Katharina und Martin Luther trauerten sehr um ihre Tochter. »Ich habe sie doch sehr lieb. Aber, lieber Gott, es ist dein Wille«, Luther. Magdalena, das »Lenichen«, war Luthers Liebling gewesen.

Am 9. November 1531, am Vorabend von Luthers 48. Geburtstag, erblickte Katharinas und Martin Luthers zweiter Sohn das Licht der Welt. Er wurde auf den Vornamen des Vaters, Martin, getauft. Pate war Johannes von Rindesel, Kurfürstlicher Kämmerer. »Ich bin reicher als alle papistischen Theologen der Welt. Denn ich lasse mir genügen, über das habe ich drei eheliche Kinder, die kein Papst hat«, schrieb Luther noch vor der Geburt seines dritten Sohnes. Dieser wurde am 28. Januar 1533 geboren und auf den Namen Paul getauft. Gevatter waren Hans von Löser, Erbmarschall und Landrentmeister des Herzogs Johann Ernst von Sachsen, Justus Jonas und die Frau von Kaspar Lindemann, ein Verwandter seiner Mutter. Bei der Taufe sagte Luther zu Löser: »Es ist heut ein junger Papst geboren worden; derothalben helfet doch dem armen Schelm, daß er getauft werde.« Er wurde auf den Namen Paul getauft. Die Taufe fand im Schloß des Kurfürsten in Wittenberg statt.

Als der Knabe an Katharinas Brust lag, sprach Luther: »Dem Kindlein ist feind der Papst, Herzog Georg (von Sachsen) und Alle, die übern Papst halten, auch alle Teufel. Das gibt dem lieben Kindlein nichts zu schaffen, es fürchtet sich vor ihnen Allen nicht, sondern säuget den Zitzen mit Freude, siehet sich fröhlich um, lachet und ist guter Dinge, und läßt sie zörnen, so lang sie wollen.«

Nach dem Sohn Paul wurde den Luthers am 17. Dezember 1534 noch eine Tochter geboren, die nach Katharinas und Luthers Mutter Margaretha getauft wurde.

Schon zu Luthers Zeiten genoß das jüngst geborene Kind die besondere Sorgfalt der Eltern. »Solche Kinder bedürfen der Eltern Liebe und Obhut am meisten.« Für seine Kinder dichtete Luther das noch heute zu Weihnachten vielgesungene Lied »Vom Himmel hoch da komm ich her«. Wie Katharina ihre Kinder erzog, wissen wir leider nicht. Daß sie mit viel Liebe vom Vater und der Mutter erzogen wurden, können wir wohl annehmen. Aber elterliche Strenge war damals allgemein üblich. »Ich will lieber einen toten, denn einen ungezogenen Sohn haben«, meinte Luther. Er wollte, daß einer seiner Söhne Soldat würde, der zweite sollte Gelehrter und der dritte ein Bauer werden.

Doch schon damals erfüllten sich die Wünsche und Hoffnungen der Eltern nicht. Soldat und Bauer wollte in diesen kriegerischen Zeiten keiner der Söhne werden. Doch der älteste Sohn Hans wurde das, was der Wunsch von Luthers Vater für seinen Sohn Martin gewesen war, er wurde Jurist und kurfürstlicher Kanzleirat in Weimar. Sohn Martin studierte, wie der Vater, Theologie, wurde allerdings kein Pfarrer wie Luther. Er lebte bis zu seinem Tode als Privatmann in Wittenberg und heiratete die Tochter des Wittenberger Bürgermeisters. Im Alter von dreiunddreißig Jahren starb er im Jahre 1564 in Wittenberg.

Der jüngste Sohn wurde nicht, wie Luther wünschte, Papst, er studierte Medizin und war Leibarzt mehrerer Fürsten und beim Kurfürsten von Brandenburg. Als jüngster war er Stammhalter der Luthers. Er heiratete 1553 Anna von Warbeck, wenige Wochen nach dem Tod von Katharina von Bora.

Die Tochter Margaretha wurde die Ehefrau von Georg von Kunheim aus Ostpreußen. (Aus der ostpreußischen Familie Kunheim, auch Künheim, stammt der Chef der Bayerischen Motorenwerke BMW, Eberhard von Künheim, er ist aber kein direkter Nachkomme. Auch Haug von Kuenheim – Die Zeit – ist kein Nachkomme von Luther.)

Katharina von Bora, auf dem Lande geboren und im Kloster aufgewachsen, war eine tüchtige Hausfrau und gute Köchin, was nicht nur Luthers ständig wachsender Leibesumfang beweist. Um Haus und Garten, Küche und Keller, vor allem aber die Kinder zu versorgen, stand sie bei Sonnenaufgang auf. Im Sommer oft schon um vier Uhr. Im Winter wurde dagegen lange, wegen der Dunkelheit, geschlafen.

Wie auf einem Gutshof hatte sie Kühe und Schweine und selbstverständlich auch Hühner. Katharina Luther hatte auch ihre eigenen Pferde, mit denen sie über Land fuhr. Butter und Käse wurden selbst gemacht, sie buk auch das Brot für die große Familie und die noch größere Gästeschar. Sogar das Bier wurde im Haus selbst gebraut, und Luther hat seine Frau, wenn er unterwegs war, gebeten, ihm von dem Selbstgebrauten etwas zu schicken.

Im Garten hinter dem Haus standen Apfel-, Kirsch- und Pfirsichbäume und auch Feigen und Trauben. Im Fischteich schwammen Hechte, Karpfen, Kaulbarsche und gewöhnliche Barsche, die den Mittagstisch bereicherten.

Für die viele Arbeit im Haus und Garten hatte Katharina von Bora mehrere Mägde und Luther seinen Diener Johannes Ambrosius, der ihn schon als Mönch umsorgt und bedient hatte. Dann lebte im Hause noch Katharinas »Muhme« (Tante), die ehrbare, tugendsame Jungfrau Else von Kanitz, eine ehemalige Nonne. »Bei mir sollt ihr sein zu Hause und zu Tische, daß ihr kein Fahr (Gefahr) noch Sorgen haben sollt«, sagte Luther zu ihr nach ihrer Flucht aus dem Kloster.

Nicht nur als gute Hausfrau und Köchin war Katharina Luther in Wittenberg bekannt. Sie verstand sich auch auf die Krankenpflege. Als in Wittenberg die Pest wütete, betreute sie die Pestkranken, blieb mit Luther in der Stadt und floh nicht wie viele Wittenberger vor der tödlichen Krankheit. Für ihre Hausapotheke stellte sie Medizin aus Kräutern her und Salben gegen rheumatische Schmerzen sowie Pulver gegen innere Krankheiten.

Als Pfarrfrau saß Katharina nicht nur immer in der Kirche, wenn Luther predigte, sie mußte auch die Alten, Kranken und Armen besuchen und trösten.

Die Luthers waren nicht reich, aber arm waren sie gewiß auch nicht. Kurfürst Johann von Sachsen, sein Landesherr und Gönner, sorgte vortrefflich für den Reformator. Neben Geld schenkte er ihm auch kostbare Gewänder. Ihm zu Ehren trug Luther als Pfarrer den kostbaren schwarzen Rock. Der »Lutherrock«, der schwarze Talar, ist das evangelische Priestergewand bis auf den heutigen Tag.

Der Morgenstern von Wittenberg

Die Wittenberger, vor allem Luthers und Katharinas Freunde und auch Martin Luther nannten Katharina von Bora »Morgenstern von Wittenberg«. Sie wurde so genannt, weil sie bereits bei Sonnenaufgang aufstand.

Das frühe Aufstehen waren Katharina und Martin Luther von ihren Klosterjahren gewohnt. Am Morgen konnten beide in dem stets vollen Haus ungestört arbeiten, er in seiner Professorenstube im Turm, sie im Haus und Garten. Katharina Luther wurde aber vielfach auch »Predigerin« genannt. Ob sie selbst predigte, ist nicht bekannt.

Sie war ebenfalls keine »Doctorin«, wenn Luther sie in seinen Briefen auch so anredete. Aber Katharina war eine gebildete Frau, konnte lesen und schreiben, was zu ihrer Zeit nur wenige weibliche Wesen gelernt hatten.

Katharina von Bora war außerdem eine begabte Rednerin, so daß Luther meinte: »Die Weiber sind von Natur beredet und können die Rhetorica, die Redekunst, wohl, welche doch die Männer mit großem Fleiß lernen und überkommen müssen.«

Die Zeiten, da Frauen als »böse Geister«, als die leibliche Verkörperung des Bösen betrachtet wurden wie im dunklen Mittelalter, die waren vorbei. Von der »Hexe« und »Sünderin« war die Frau zum leuchtenden Stern geworden, die Laster der Wollust hatten sich in reine Liebe umgekehrt. Frauen wurden verehrt als Sinnbild der Gnade und nicht der Lust. In ihr bildeten Liebe und Glaube eine Einheit. Die Liebe der Frau zum Manne und die des Mannes zur Frau galt als höchster Lebenswert. Als »Holde Frouwe« wurde sie im Spätmittelalter besungen.

Die Idealisierung der Frau führte zu einer beachtlichen Steigerung ihres Ansehens in der Gesellschaft. Ihre rechtliche Stellung war weitaus schlechter als die soziale Reputation. Der Mann betrachtete die Frau zwar noch als »sein Eigentum«, aber sie besaß ihren eigenen Wirkungskreis, wenn auch kein eigenes Kapital.

Martin Luther hat in seiner Frau stets mehr als seine Magd und Dienerin gesehen. Die Frau war »Herrin«, und Luther hat seine Frau mehrfach »Herrin« oder »Domina« genannt. Der erste Schöpfungsbericht, die sogenannte Priesterschrift, betont die Gleichheit von Mann und Frau. Mann und Weib sind füreinander da. Das Glück der Ehe besteht darin, »daß Mann und Weib sich lieb haben, eines sind, eins des anderen wartet. Sinne und Herz, Sitten und Leben müssen zusammenstimmen«, so Martin Luther.

Katharina von Bora leuchtete als »Morgenstern von Wittenberg« nicht nur über der kleinen Lutherstadt, sie wurde zum Symbol für die Befreiung der Frauen aus der »Knechtschaft« des Mannes.

Tischgenossen und Tischgespräche

Die Scholaren, die nach Wittenberg kamen, um Luther zu sehen und zu hören, wurden von Luthers Frau in ihr großes Haus eingeladen und bewirtet. Die Gastfreundschaft der Luthers hatte sich überall im Lande herumgesprochen, und so war das ehemalige Kloster, das Lutherhaus, stets voll von Gästen. Manchmal mußte Katharina von Bora für über vierzig Personen kochen und backen. Nicht nur arme Studenten wurden beköstigt, es kamen auch Professoren ungeladen an Luthers Tisch sowie ihre armen adligen Verwandten.

Luthers Mittagstisch war nicht nur wegen der guten Speisen und des selbstgebrauten Bieres beliebt, seine Gastmahle wurden durch seine oft derben Tischreden eine Attraktion für Wittenberg. Es ging da oft recht fröhlich zu, wenn Luther seine Reden mit sarkastischen Bemerkungen würzte. Nach dem guten Essen wurde kräftig gesungen. (In dem ehemaligen Refektorium, dem Speisesaal, finden heute Konzerte und Vorträge statt.)

Bei Tisch wurden oft schwere und tiefe Gedanken geäußert, manchmal soll während des Essens aber kein einziges Wort gesprochen worden sein, in Erinnerung an das klösterliche Silentium. Aber wenn Luther redete, dann waren seine Tischgespräche oft noch köstlicher als Katharinas köstliche Speisen. Es kamen daher nicht nur die Professoren von der Universität, es kamen auch Fremde zu Luthers Gastmahlen, und dabei wurden viele gute Gespräche geführt.

Die Tischgespräche wurden in Lateinisch oder Deutsch, oft

auch in beiden Sprachen geführt. Die meisten der Gespräche, bei denen Luther das Wort führte, haben die Tischgäste aufgezeichnet, viele stammen aber auch aus zweiter Hand.

Die Tischgespräche sind eine fast unerschöpfliche Quelle für die berühmten Lutherzitate. Unter den rund dreitausend Tischreden von Luther sind auch authentische Worte von Katharina von Bora, die gerne redete und sich an den Tischgesprächen beteiligte, enthalten.

An den Tischgesprächen nahmen viele Theologen und Juristen, die Gebrüder Weller und der Theologe Antonius Robert Barns, teil. An der Tafelrunde im einstigen Kloster wurden nicht nur lebhafte Tischgespräche über Religion und Philosophie geführt, da wurde auch über Gott, den Teufel und menschliche Schwächen tüchtig gespottet. Daß sich Katharina von Bora an den Tischgesprächen beteiligen durfte, war eine große Auszeichnung und Beweis für ihre hohe Stellung als Frau von Martin Luther und ihre allgemein geschätzte Persönlichkeit.

Herrin von Zulsdorf

Martin Luther lebte gerne in Wittenberg, auch wenn er gelegentlich über das »Nest« schimpfte. »Ich liebe diesen Ort wie mein Vaterland. Hier habe ich mit den trefflichsten Männern in Verbindung gestanden und gemeinschaftlich gearbeitet.« Für Katharina war Wittenberg ihr Zuhause geworden nach dem langen und ungeliebten Klosterleben. Aber die geborene Landtochter sehnte sich heraus aus der Stadt.

Schon bald nach ihrer Heirat bemühte sie sich um einen Landbesitz bei Wittenberg – vergeblich. Im Gegensatz zu Luther strebte seine Frau nach Besitz, nach Grund und Boden. Sie dachte dabei vor allem an ihre Kinder, aber auch an sich selbst, da die Witwen weder Witwengeld erhielten noch etwas vom Manne erbten. Und Luther fürchtete schon im ersten Ehejahr zu sterben. Katharinas Wunsch, bei Wittenberg durch ihren Gevatter Hans von Taubenheim zu Landbesitz zu kommen, erfüllte sich zu ihrem Kummer jedoch nicht. Der Brief an ihn ist einer der wenigen erhaltenen Briefe von Katharina von Bora.

»Gnad und Fride yn Christo zuvor, gestrenger ervester liber Herr Gevatter,

Euch ist wohl wissentlich, wie Euer Gnaden ungeferlich fur dreyen jaren gebeten, daß myr das gut Booß myt seynen zugehorungen umb eynen gewonlichen zynß zu meyner teglichen haushaltung wie eynem andern mochte gelassen werden, als denn auch meyn liber herr bei doctor Brug dieselbige zeyt deshalben hat angeregt; ist aber dasselbig mal verblieben, daß ichs mecht bekommen, vylleicht das doselbst nicht loß ist gewesen von seynem herrn, der ex umb den zynp hat ynnen gehabt.

Ich byn aber unterricht, wie der burger von Brato, welcher es dype zeit ynne gehabt, soll icz und solch gut loßgeschrieben haben; wo solchs also were, ist meyne freundliche bitte an Euch als meynen liben gevattern wollt myr zu solchem gut fodderlich seyn. Ums denselbigen zynß, so eyn ander gybt, wyll ichs von herzen gerne annehmen und zynße deglich an zwen ort überyichen. Bitte gancz freundlich, Euer gnaden wilde myr Euer gemueth wyder schreyben und das beste rathen yn dießem fall und anczygen, wo ich etwas hyrin unbilligs begert, und woldet denen nicht stad geben myt yrem arkwone, alß ßolde ich solchs gut fur mich odder meyne kinder erblich begeren, welche gedanken myn hercz nie kommen synd. Hott zu gott, er werde meynen kindern, ßo sie leben und sich formlich ehrlich halten wurden wol erbe geschern; bytte alleyne, daß das myrs zyns mochte gelassen werden, damit ich meine haushalt und vyhe destebekemer erhalten mochte, weyl man alles alhier ufs teuerst keufen muß und myr solcher ort, der nahe gelegen, sehr neuzlich seyn mochte.

Ich habe mynen lieben herrn itzt yn dyßer sachen nicht wollen beschweren, an Euch zu schreyben, der unst vyl zu schaffen; ist auch un not, daß Euer gnaden solchs meyn antragen ferrer an ymandes oder an mynen gnädigsten herrn wolde gelangen lassen ßunder ßo ir solche meyne bytte byllich erkennet, daß Ihrs mit dem Schoßer zu Seyda bestellt wolt, daß myr solch gut eynen geburlichen zynß wie eanem andern mochte eingethan werden.

Domeyt seyet got bepholen.

Gegeben zu Wyttenbergk Montag nach Julilate am 1539 jahre Catherian Lutheryn.«

Mit dem »lieben Herrn« und dem »gnädigen Herrn« ist Martin Luther gemeint. Katharina konnte, trotz ihres inständigen Bittens, das Gut bei Wittenberg nicht kaufen.

Zu Katharinas größter Freude schenkte ihr Martin Luther das Gut Zulsdorf bei Lippendorf, ihrem Geburtsort, das einst im Familienbesitz der Boras war. Zuvor hatte es ihr Bruder Hans von Bora, der mit Apolonia von Seidewitz verheiratet war, besessen. Martin Luther nannte seine Frau nun stolz und wohl auch leicht ironisch: »Die gnädige Frau von Zulsdorf« oder »Ihro Gnaden Frau von Bora und Zulsdorf.«

Das Gut soll sechshundert Gulden gekostet haben, eine recht hohe Summe für die damalige Zeit. Der Kurfürst soll für den Ausbau des Gutshauses noch sechshundert Gulden gestiftet haben. Von ihm stammen die beiden Medaillons von Martin und Katharina Luther, die in dem Eßsaal hingen und seit dem Abriß des Gutshauses in der Kirche von Kieritzsch zu sehen sind.

Der Besitz von Zulsdorf bedeutete eine häufige Trennung Katharinas von ihrem Mann und längere Abwesenheiten von Wittenberg. Zwischen Zulsdorf und Wittenberg lagen fast hundert Kilometer, mehr als eine Tagesreise. Der Trennung verdankt die Nachwelt einige Liebesbriefe Luthers an seine Frau Katharina. Im Jahr 1541 schrieb er ihr voller Sehnsucht: »Liebe Käthe: Mich wundert, daß Du so gar nichts her schreibst oder entbeust, so Du wohl weißt, daß wir hie nicht ohne Sorge für euch, weil Mainz und viele vom Adel in Meißen uns sehr feind sind. Verkaufe und bestelle, was Du kannst und komme heim.« Das feindliche Meißen und Mainz waren katholisch.

Martin Luther hat seine Frau Katharina mehrfach in Zulsdorf besucht. Bis vor wenigen Jahren erinnerte noch ein Sandsteindenkmal zwischen Neukieritzsch und Droßdorf an Katharina und Martin Luther. Die Inschrift lautete: »Zur Erinnerung an Dr. M. Luther und Katharina Luther«. Auf der Rückseite stand: »Zolsdorf, 1540 von Luther seiner Katharina als Witwensitz gekauft«.

Nach Luthers Tod ist Katharina von Bora kaum noch in Zulsdorf gewesen. Nachbarn waren Ehrenfried von Ende auf Schloß Wolkenburg und die Herren von Einsiedel auf Schloß Gnaudstein.

Luther hat in seinem Testament das Gut Zulsdorf Katharina als »Wittum« vermacht.

Ob sie von Zulsdorf aus das Kloster Marienthron besuchte, wo sie vor ihrer Heirat als Nonne gelebt hat, ist nicht bekannt. Aber auf dem Weg von Wittenberg nach Zulsdorf kam sie an dem Kloster vorbei.

Vom ehelichen Leben

Schon bevor Martin Luther heiratete, hatte er sich seine eigenen Gedanken über den Sinn der Ehe gemacht und die eheliche Gemeinschaft als von Gott gewollt gepriesen. Als er noch ein gehorsamer Mönch war, hat Luther in einem Traktat über das eheliche Leben seine Auffassungen zur Ehe in einer Predigt öffentlich bekundet. Seine Abhandlungen »Vom ehelichen Leben« aus dem Jahre 1522 basieren auf seinem »Sermon von dem ehelichen Stand«.

Lob der Ehe

»Gott hat gemacht, daß Mann und Weib nicht ohne einander sein können.« – »Alles, was ein Mann ist, muß ein Weib haben und was ein Weib ist, muß einen Mann haben.« Es gibt eine Vielzahl von Aussprüchen Luthers über die Beziehungen von Mann und Frau, die aber erst durch die Liebe und die Ehe gekrönt werden. »Die Liebe zwischen den Geschlechtern ist die allergrößte und die lauterste Liebe. Über alles geht die eheliche Liebe.« Und nach Luthers Auffassung sind zur Ehe alle geschaffen. Wer nicht in die Ehe tritt, der verfällt der geschlechtlichen Zuchtlosigkeit. Darum: »Jeder soll in die Ehe treten, weil er um die Not und Sünde der Geschlechtlichkeit weiß.« Das Glück der Ehe besteht darin, »daß Mann und Weib sich lieb haben, eines sind, eins des anderen wartet«.

Mann und Frau sind gleichberechtigt, da von Gott geschaffen. »Wie er mich und dich gemacht hat, so sind wir: ich ein

Mann, du ein Weib.« Weil Gott Mann und Weib geschaffen hat, soll der Mann das Weibsbild nicht verachten und das Weib den Mann nicht verachten, »sondern ein jeder ehre des andern Bild und Leib als ein göttliches gutes Werk, das Gott selbst wohl gefällt«.

Gott hat auch gesagt: »Wachset und mehret euch.« Darum müssen Mann und Weib zusammenkommen, damit sie sich vermehren. Das ist mehr als ein Gebot, das ist göttliches Werk. Wenn man dem wehren will, geht die Hurerei, der Ehebruch und Selbstbefriedigung seinen Weg. »Geschlechtsverkehr zu haben und sich zu samen und zu mehren, ist Gottes Schöpferwille und steht nicht in deiner Macht.«

Doch sind nach Luther nicht alle Menschen zur Ehe tauglich. Über sie, die untauglich sind, soll jedoch kein Mensch richten. Zur Ehe untauglich sind die Impotenten, die, die von Natur unfähig sind, sich zu samen, die eine kalte oder schwache Natur oder sonst Mängel am Leibe haben, so daß sie nicht geeignet sind, ehelich zu leben.

Da es aber in der Ehe passieren kann, daß nur die Frau oder der Mann potent und vermehrungsfähig ist, ein Gemahl die eheliche Pflicht nicht leisten, der andere sie aber nicht entbehren kann, dann erlaube Gott eine heimliche Ehe. Man beschuldigte Luther, er habe im Beichtstuhl Frauen, wenn der Mann seinem Weib nicht genug den Kitzel befriedigen könne, geraten, sie solle zu einem anderen laufen. Das jedoch war nicht wahr. Luther hat, als er Mönch war, nur dreimal Frauen die Beichte abgenommen und ist vor seiner Heirat den Frauen kaum begegnet, ging ihnen bewußt aus dem Wege. (Seinen Sermon über die Ehe hat Luther vor seiner Heirat verfaßt.)

Die durch Menschenhände impotent gemachten Männer, die »Kastraten«, sind für Luther ein unseliges Volk. »Denn obwohl sie unfähig zur Ehe, so sind sie doch böser Lust nicht los und werden frauensüchtiger als vorher und ganz weibisch.«

Die Geistlichen, die zwar von Natur und der Neigung ihres Leibes zur Ehe tauglich seien und freiwillig ohne Ehe bleiben, um lieber am Himmelreich zu schaffen und geistliche Kinder zu mehren, die sind selten und unter tausend Menschen ist nicht einer.

Weil Gott gesagt hat, wachse und mehre dich, sind alle Pfaffen, Mönche und Nonnen verpflichtet, ihre Gelübde zu lassen, damit sie sich nach des Gottes Schöpferwillen samen und mehren. Tun sie nicht so, »so sei du gewiß, daß sie nicht rein bleiben und mit Selbstbefriedigung oder Hurerei sich besudeln müssen«.

Die durch das Zölibat zur Ehe untauglich gemachten Geistlichen bedauert Luther. »Die hohen, reichen Geister, von Gottes Gnaden aufgezäumet, die von Natur und der Eignung ihres Leibes fähig sind zur Ehe und bleiben doch freiwillig ohne Ehe«, diese sprechen nach Luthers Auffassung wie folgt: »Ich vermöchte und könnte gewiß ehelich werden, aber es gelüstet mich nicht.« Das aber entspreche nicht der Wahrheit.

Unter den weltlichen Kindern Gottes habe der Papst jenen die Ehe verboten, die blutsverwandt sind bis ins dritte und vierte Glied. Doch: »Ist aber Geld da, dann ist dir's erlaubt, deine Muhme im dritten oder vierten Glied zu nehmen. Nur die Stiefmutter, Schwester oder Stieftochter und die Tanten von diesen Personen kann ich nicht nehmen.«

Luther ist gegen Zwangsehen, gegen Ehen, die von den Eltern gegen den Willen der Frau – oder des Mannes – erzwungen werden. Von den Eltern befohlene Ehen aus wirtschaftlichen Gründen waren damals allgemein üblich. Nach Luthers Auffassung müssen Mann und Frau die Ehe wollen. Sie kann nicht mehr mit der Axt erzwungen werden. Aber: »Wer ein Mädchen beschläft, der soll sie behalten oder, wenn ihr Vater nicht will, Geld dafür geben nach ihres Vaters Forderung.«

In seinem »Sermon« hat sich Luther auch über die Scheidung von Ehepartnern geäußert.

Wenn ein Ehepartner zur Ehe unfähig ist, »der Gliedmaßen oder Natur halber«, dann sollte eine Ehe geschieden werden. »Die zweite Ursache ist der Ehebruch.« Zwar sollte, was Gott zusammenfügte, niemand scheiden, doch wer sein Weib »entläßt«, es sei denn um der Hurerei willen und nimmt eine andere, der bricht seine Ehe. Und bei Ehebruch sei eine Scheidung zulässig und der, welcher unschuldig ist, darf sich wieder verheiraten. Eine Scheidung muß aber durch Untersuchung und Beurkundung der weltlichen Gewalt geschehen, damit der Ehebruch für jedermann offenbar wird. Luther war aber dagegen, die Ehebrecher zu steinigen. »Denn wer seine Ehe bricht, der hat sich schon selbst geschieden und ist ein toter Mensch.« Besser wäre es jedoch, er wäre tatsächlich tot.

Ein Scheidungsgrund kann auch sein, wenn sich einer der Partner dem anderen entzieht, wenn »er die eheliche Pflicht nicht leisten und nicht bei ihm sein will«. Verweigert sich eine Frau dem Manne, dann solle er sagen: »Willst du nicht, so will ich eine andere, will die Frau nicht, so komme das Mädchen.«

Ist jedoch ein Ehepartner krank, daß er zur ehelichen Pflicht untauglich geworden ist, darf er sich keinen anderen Partner nehmen, sondern solle ihn pflegen. Wie die ehelichen Pflichten zu erfüllen seien, darüber wollte Luther lieber schweigen. »Etliche Sauprediger sind ja in diesem Punkte schamlos genug, Schweinereien anzuführen. Etliche aber setzen dafür auch besondere Zeiten fest und nehmen die heiligen Nächte und schwangeren Leiber aus. Ich lasse es dabei bleiben.«

Der häufig zitierte (angebliche) Ausspruch Luthers: zweimal die Woche schade weder ihm noch ihr, stammt nicht von Martin Luther.

Luther und die Sexualität

Für Luthers Sexualleben haben sich schon zu seinen Lebzeiten seine Zeitgenossen – Feinde und Freunde – interessiert. Es war, so darf man wohl nach den schriftlichen und mündlichen Überlieferungen behaupten, ein ganz normales.

Sexuelle Probleme waren Luther, der erst mit zweiundvierzig Jahren heiratete, nicht fremd. Er zeigte daher viel Verständnis, wenn andere Männer durch ihre Sexualität in Probleme verwikkelt waren. Als der Landgraf Philipp von Hessen, welcher Luthers Reformation von Anfang an positiv gegenüberstand, eine zweite Ehe eingehen wollte, da er sich von seiner ersten Frau abgestoßen fühlte, da war Luther zwar nicht erfreut darüber, zeigte aber Verständnis und versuchte dem Landgrafen in seiner prekären Lage zu helfen, was jedoch auf Unverständnis bei seinen Anhängern stieß.

Als Jüngling, noch keine neunzehn Jahre alt, hatte der Landgraf, wohl auf Wunsch seines Vaters, Christina, Tochter des Herzogs Georg von Sachsen – Luthers bitterster Feind –, geheiratet. Noch während der Flitterwochen, bereits nach dreiwöchiger Ehe, soll er einen starken Widerwillen gegen seine junge Frau gefühlt haben, wegen des widerlichen Geruchs, hervorgerufen durch übermäßigen Alkoholgenuß. Nach dreijähriger Ehe wünschte er sich daher von ihr zu trennen und eine zweite Frau zu heiraten – ohne jedoch Christina zu verstoßen. Auf Bigamie stand damals die Todesstrafe. In seiner Not suchte der Landgraf bei Martin Luther Rat. Aber Luther war gegen eine Doppelehe, da eine »Nebenehe des Landgrafen allgemeinen Anstoß erregen werde«. Dennoch heiratete Philipp von Hessen eine zweite Frau. Mit seiner ersten Frau zeugte er, trotz der physischen Abneigung, noch weiter einige Kinder. Insgesamt hatte der Landgraf von Hessen zehn Kinder mit Christina von Sachsen.

Die Doppelehe von Philipp von Hessen wurde allgemein als Skandal betrachtet. Daß Luther sie nicht verhindert habe, vielmehr tolerierte, wurde auch von seinen Anhängern mißbilligt.

Als König Heinrich VIII., der von 1491 bis 1547 lebte, sich von seiner ersten Frau Katharina von Aragonien, einer Tante von Kaiser Karl V., die sechs Jahre älter als der englische Herrscher war, scheiden ließ, um die viel jüngere und wohl auch hübschere Anna Boleyn zu heiraten, der Papst aber die Scheidung von der ersten Frau verweigerte, fragte Heinrich ebenfalls bei Luther um Rat. Wieder zeigte Luther Verständnis für eine zweite Heirat, war aber gegen die Auflösung der Erstehe. »Bevor ich je die Verstoßung gutheißen sollte, würde ich dem König noch eher zugestehen, eine zweite Königin zu heiraten.«

Aber Luther erklärte: »Wenn es zur Scheidung kommt, bleibt Katharina Königin von England – ihr geschieht Unrecht vor Gott und den Menschen.« Katharina, Mutter von Königin Elisabeth I., endete einige Jahre später auf dem Schafott. Heinrichs Zweitehe mit Anna Boleyn war der Anlaß für den König, mit Rom zu brechen und sich zum Oberhaupt der anglikanischen Kirche zu erklären. Anna Boleyn ließ er, wie Katharina von Aragonien, hinrichten.

Auch die Ehe mit seiner dritten Frau, Johanna Seymour, war nicht glücklich – sie starb ein Jahr nach der Hochzeit. Von seiner vierten Frau, Anna von Kleve, ließ sich Heinrich VIII. nach dreijähriger Ehe scheiden, um Katharina Howar zu heiraten, die er nach zweijähriger Ehe hinrichten ließ. Seine sechste Frau, Katharina Parr, überlebte den König von England, der 1547 im Alter von sechsundfünfzig Jahren starb.

Generell mißbilligte Luther die Scheidung von Eheleuten. Denn: »Bistu an ein weib gebunden, so bistu nicht mehr ein freier herr, Gott zwinget und heisst dich bey Weib und Kind bleiben, sie neren und zihen.« Bei Herrschern machte Luther jedoch eine Ausnahme, was von seinen Anhängern kritisiert wurde.

Viel Verständnis zeigte Luther, der die Ehelosigkeit der Priester verurteilt und aufgehoben hatte, für die Heirat des Kölner Erzbischofs Hermann von Wied. Da der Papst gegen die Ehe des kurfürstlichen Bischofs von Köln war, brach dieser mit Rom. Köln wurde vorübergehend evangelisch. Um seine Kurfürstenwürde nicht zu verlieren, wurde er Bischof von Lüttich. Der geistliche Fürst liebte wie seine Vorgänger und Nachfolger das weltliche Leben und die Frauen. Im Schloß Buschhoven bei Bonn ging er mit Vorliebe auf die Jagd, diskutierte aber mit seinen Beratern auch über Reformen der christlichen Ordnung. Bonn und Köln wurden zum Mittelpunkt der evangelischen Bewegung am katholischen Rhein.

Im Jahre 1546 wurde Heinrich von Wied von Rom mit dem Bann belegt und verlor seine erzbischöfliche Würde. Er zog sich zurück in sein Heimatdorf Wied, wo er ein Jahr später starb.

Für Martin Luther war die Sexualität ein »natürliches Ding«

und »göttliches Werk«. Aber Luther kannte weder das Wort »Sex« noch »Sexualität«, dafür sprach er von den Sinnen und der Lust. Der Ehepartner sucht »seine Lust an dem andern«, und »Sinne, Herz und Geschlecht müssen zusammenstimmen«. Denn: »Das ist der Grund und ganz das Wesen der Ehe, daß sich eins dem andern hingibt.«

In der Ehe soll nach Luthers Auffassung eitel Liebe und Lust sein. »Oh, wie wol stehet's, wenn Eheleute miteinander zu Tische und Bette gehen. Ob sie gleich zuweilen schnurren und murren, das muß nicht schaden; es gehet in der Ehe nicht allzeit schnurgleich zu.« Der Teufel kann dazwischentreten, daß alle Reizung und Lockung verlorengehen. »Daß zuweilen im Ehestand Zank und Hader fürfället, das ist die Schwachheit und Bosheit unserer verderbten Natur; da kömmt dann der Teufel und wirft in Weg Haß und Neid, Verdacht, Argwohn, böse Lüste auf beiden Seiten, daß Eins dem Andern gram wird, verdächtigt und begehrt eine Andere.«

Doch »es ist ein groß Ding um das Bündnis und die Gemeinschaft zwischen Mann und Weib«.

Wie Martin Luther über das eheliche Leben und die Liebe dachte, so dürfte auch Katharina von Bora gefühlt und gedacht haben, sonst hätten die beiden nicht eines Herzens und Sinnes sein können. Aber wie Luther wußte auch sie, daß die Eheleute nicht im Paradies leben. »Zuerst geht's wohl so an, daß sie einander, wie man sagt, vor Liebe fressen wollen. Aber wenn der Fürwitz aus ist, so ist der Teufel da mit dem Überdruß.« Darum war Luther auch gegen Frühehen, denn ist eine »erste Glut« vorbei, die Lust ausgekostet, hält die Ehe nicht mehr. Und: »Das Beyschlafen ist bald gestillet, auch in Hurerey; aber Kinder sind die lieblichsten Früchte und Band der Ehe.«

Lob der Frauen

»Frauen soll man loben – es sei wahr oder gelogen«, so Martin Luther. Für Luther war, nicht zuletzt durch seine Ehe mit Katharina von Bora, die Frau nicht mehr ein sündhaftes Wesen. Im Mittelalter galten Frauen häufig als böse Geister, waren eine leibliche Verkörperung des Bösen.

Luther hatte für seine Zeit nicht nur eine moderne Auffassung von der Ehe, für ihn war die Frau ein emanzipiertes Wesen. Er machte sich zum Anwalt der Frau.

Auch unverheiratete Frauen und Witwen, die rechtlos waren, sollten nach seiner Meinung von der Gesellschaft anerkannt werden, »weil der Jungfrauen- und Witwenstand, ob sie gleich ohne Leibesfrucht leben, nicht verachtet noch unwert, sondern ehrlich und löblich gehalten werde nach dem Evangelium«.

Wie modern Luther in seiner Auffassung über die Frau in der Ehe dachte, beweist, daß er dafür war, daß auch Männer ihre kleinen Kinder versorgen sollten. Gott sehe es gerne, wenn ein Mann »hinginge und wüsche die Windeln«. Er war gegen die bis dahin übliche patriachalische Ehe, in der nur der Mann das Sagen hatte. Die Werke der Frauen gefallen Gott aber nicht weniger als die des Mannes. Seine Frau Katharina war über ihren Haushalt hinaus aktiv, als Pfarrfrau und Krankenhelferin.

Da bisher die Frauen nur in den Klöstern die Möglichkeit besaßen sich zu bilden, setzte sich Luther auch für eine allgemeine und bessere Erziehung und Bildung der Frauen ein. In den Katechismusschulen konnten sie nicht nur lesen und schreiben, sondern auch rechnen lernen.

Die gesellschaftliche Stellung der Frau im Spätmittelalter und noch am Beginn der Neuzeit war vielfach besser als in späteren Jahrhunderten. Die Männer, häufig in kriegerischen Berufen oder außer Haus tätig, waren auf ihre Ehefrauen angewiesen, sie, die Frauen, waren die Herrinnen im Hause, Hüterinnen der Kinder und meist auch der materiellen Güter. Luther hat in seiner Frau Katharina die »Herrin« akzeptiert und ihr die Regelung des Haushalts und der Finanzen überlassen.

Frauen hatten, wollten sie nicht bis zu ihrem Tode im Hause

der Eltern oder bei Verwandten leben oder in ein Kloster gehen, keine andere Wahl, als sich zu verheiraten. Berufstätigkeit und Selbständigkeit gab es weder für die höheren noch die niederen Kreise und Volksschichten, außer bei Kaufleuten.

Katharina von Bora und Martin Luther führten eine für die damalige Zeit moderne Ehe, was sich auch darin ausdrückte, daß sie ihren Mädchennamen beibehielt und er sie mit diesem anredete. Nach seiner Auffassung gefallen Gott die Frauen und ihre Werke nicht weniger als die des Mannes. Die Frau war für Luther auch nicht, wie vielfach noch zu Beginn der Neuzeit, ein Objekt männlicher Sinne.

Die Gesellschaft war während der Reformation, die nur den Glauben, aber nicht die Gesellschaft reformierte, streng gegliedert. Ganz oben standen die Fürsten, die weltlichen und geistlichen, ihnen folgte der Adel. Das »Schlußlicht« der offiziellen Gesellschaft, die das politische, gesellschaftliche und soziale Leben bestimmte, bildete das Bürgertum. Ganz »unten« in der gesellschaftlichen Hierarchie standen die Knechte und Mägde, das Gesinde, das überhaupt keine Rechte besaß, auch keinen festen Wohnort und hin und her gestoßen wurde.

Die Gesellschaft der Neuzeit war nicht nur vertikal, sie war auch horizontal gegliedert – in Männer und Frauen. Da die Frauen keinen Beruf ausüben durften, besitz- und auch rechtlos waren, strebten sie danach, sich gut zu verheiraten – so sie nicht ins Kloster gingen. Aber die Klöster standen fast nur den adligen Frauen offen.

Trotz der hohen Geburtenraten und den Todesfällen bei und nach den Geburten gab es einen Frauenüberschuß. So sollen in Nürnberg, eine historisch gut dokumentierte Stadt, auf hundert Frauen nur achtundachtzig Männer gekommen sein. Das lag aber nicht an der längeren Lebenserwartung der Frauen – diese war damals kürzer als die der Männer. Hauptursache des Frauenüberschusses waren die ständigen Kriege, durch die viele Männer in jungen Jahren ihr Leben verloren. Die durchschnittliche Lebenserwartung für Frauen lag bei 23,2 Jahren, die der Männer bei 28,4 Jahren.

Mit der Ehe »unterwarf« sich die Frau dem Manne. War sie vorher von ihren Eltern nahezu total abhängig, stand sie nach der Heirat ganz unter der Obhut und Vorherrschaft des Mannes. Aber sie wurde von den Männern nicht »beherrscht« oder unterdrückt, sie war nur materiell völlig von ihrem Ehemann abhängig. Im Hause herrschten die Frauen, und der Ehemann war von ihren fraulichen Talenten abhängig. Waren sie tüchtige Hausfrauen und gute Köchinnen, ging es auch den Ehemännern finanziell und in leiblichen Dingen gut.

Die Ehe von Katharina von Bora mit Martin Luther ist dafür das beste Beispiel.

Die Frau war für den Mann geschaffen, dem sie zu dienen hatte. Aber der Mann kommt durch die Frau zur Welt und ist die Mutter seiner Nachkommen. Martin Luther hat immer die Gleichheit von Mann und Frau akzeptiert. Die Frauen nicht zu lieben, war für Luther undenkbar. »Es muß schon ein großes Laster sein, Frauen nicht liebzuhaben.« Er achtete sie, die verheiratete und die unverheiratete Frau. Doch spricht er sich für die Ehe mit der geliebten Frau aus. »Frauenliebe zu verachten, das heißt die Ehe zu verbieten. Denn Gott hat die Frauen dem Manne zu Ehren und zur Hilfe geschaffen.« Das schrieb Luther an die ganze Geistlichkeit, die sich zu Augsburg Anno 1530 auf dem Reichstag versammelt hatte, als »Vermahnung Martin Luthers«. Er saß, während die Geistlichkeit über eine Verständigung der zwei religiösen Lager verhandelte, auf der Veste Coburg und war seit fünf Jahren mit Katharina von Bora verheiratet, der er nach Wittenberg Liebesbriefe schrieb.

Sitte und Moral

Zu Beginn der Neuzeit standen Sitte und Moral eher auf einem Tief- denn auf einem Hochstand. Der Puritanismus, die religiöse Lebensführung zu Gottes Ehre und zum eigenen Heil, war in den Städten und Dörfern weitgehend unbekannt. Das Zusammenleben auf engem Raum – in der einen Stube wurde nicht selten geboren, geliebt und gestorben – begünstigte das »sittenlose« Leben.

Die Städter waren zwar oft ziemlich wohlhabend, aber auch das förderte nicht gerade die Moral. Im Gegenteil. Die Menschen wollten in dem für sie meist kurzen Leben etwas vom Leben haben, es genießen, wenn sie nicht von Krankheiten heimgesucht wurden. Krankheiten und Kriege steigerten die Freude an der Lebenslust und an einem natürlichen Sexualleben. Uneheliche Kinder waren so zahlreich wie die großen Kinderscharen in den Familien.

In den öffentlichen Badestuben trafen sich Männer und Frauen nicht nur zur Körperreinigung, es wurde dort gesungen, gegessen, getrunken, gekost und geschmust. Die Kirche, die alles beherrschende Macht, versuchte vergeblich, die Sittenlosigkeit einzudämmen und erließ immer mehr Verbote. Das aber erregte nur den Ärger frommer Christen, die es überall auch gab. Murrend zahlten die anderen ihren Dispens, um fröhlich weiter stittenlos zu leben. Andererseits gab es eine furchtbare Angst vor der Sünde und dem Teufel, die Inkarnation fleischlicher Sünde. Die Keuschheit war dennoch kein Ideal für die Frauen und noch viel weniger für die Männer. Man wollte und brauchte Kinder, gleich ob diese ehelich oder außerehelich geboren wurden.

Auch bei den Fürsten und Päpsten standen Sitte und Moral nicht hoch im Ansehen. Und da der Adel auch nicht viel von der Moral hielt und Vorbild für die Bürger war, herrschte in allen Ständen und Volksschichten eine sittenlose Zeit. Nach dem Motto: »Der Geist ist willig, aber das Fleisch ist schwach«, tolerierte man allgemein die weltlichen Sünden, da die Menschen glaubten, daß die Welt ohnehin immer schlechter werde und der Weltuntergang nahe sei.

Der Gedanke der Endzeit, der sonderbarerweise den Beginn der Neuzeit prägte, führte zu den größten Mißbräuchen und Ausschweifungen. »Wir wissen, daß große Mißstände seit vielen Jahren um sich gegriffen haben«, verkündete Papst Hadrian VI. Der Papst aus den Niederlanden war aber nur ein

Jahr, 1522–1523, Oberhaupt der katholischen Kirche. Er war Nachfolger des »sittenlosen« Papst Leo X., ein fetter und feister Mann aus dem Hause Medici. Hadrian wollte das »heilige Rom« von allen Übeln befreien und führte selbst ein tugendhaftes Leben.

Die »Goldene Rose«, eine Auszeichnung des Papstes für besondere Tugenden an hohe Potentaten, verschleierte nur die »Sünden« der Ausgezeichneten. Auch der sächsische Kurfürst Friedrich der Weise, kein Heiliger, hatte sich um diese Auszeichnung bemüht mit dem Hinweis auf sein tugendhaftes Leben, obwohl er beim Papst um Dispens für seine beiden unehelichen Kinder mit Anna Weller gebeten hatte.

Gegen den Zeitgeist der Unmoral war auch Luther ziemlich machtlos. Durch seine christliche Ehe mit Katharina wollte er jedoch Vorbild sein.

Liebe – Krankheit – Tod

Am 10. November 1545 feierten Kathatrina und Martin Luther mit Freunden in Wittenberg seinen 62. Geburtstag. Luther war fröhlich gestimmt, äußerte jedoch, daß er das nächste Osterfest wohl nicht mehr erleben werde. Von seinem baldigen Lebensende hatte Luther seit seiner Heirat und auch davor mehrfach geredet und einige Male sein Testament gemacht, so daß Katharina und seine Freunde den von ihm angekündigten Tod wohl nicht sehr ernst nahmen.

Der Winter 1545/46 war extrem hart. Dennoch reiste Luther mit seinen Söhnen nach Eisleben zu dem Grafen Albrecht von Mansfeld in seine Geburtsstadt, um den Streit mit dessen Bruder Graf Gebhard von Mansfeld zu schlichten. Weihnachten verbrachte er auf dem Schloß der Grafen in Mansfeld. Danach fuhr Luther noch einmal nach Wittenberg zurück, weil es Philipp Melanchthon, der ihn begleitete, schlecht ging. Am 17. Januar 1546 begab sich Luther mit seinen Söhnen, dem Diener Ruthfeld und dem Famulus Aurifaber erneut auf den Weg nach Mansfeld.

Die Reise im Wagen mußte Luther wegen des Hochwassers der Saale bei Halle unterbrechen. Als er die Reise nach Eisleben fortsetzen konnte, fühlte er sich schwach und teilte dies seiner Frau in Wittenberg in seinem Brief vom 1. Februar auch mit. Die Grafen von Mansfeld hatten ihm 113 Reiter entgegengeschickt. Kurz vor Eisleben klagte Luther über Atemnot und Schwindel, reiste aber weiter. (Die Grafschaft Mansfeld gehörte zu Eisleben.) In Eisleben angekommen, fühlte sich Luther wieder besser. »Jetzt bin ich, Gott Lob, wohlauf«, schrieb er an Katharina.

Luther wohnte bei seinem Freund, dem Stadtschreiber Johann Albrecht, und verhandelte täglich mit den Grafen oder deren Rechtsvertreter. Am 16. Februar kam der Vergleich zwischen den streitenden Brüdern endlich zustande. Obwohl zufrieden über die Einigung, fühlte sich Luther nicht gut. »Wenn ich wieder heim gen Wittenberg komme, so will ich mich alsbald in den Sarg legen und den Maden einen feisten Doctor zu essen geben«, soll er am Abend gegenüber seinen Freunden geäußert haben. Dennoch speiste er zu Abend mit ihnen und seinen Söhnen, die man am 14. Februar nach Eisleben gerufen hatte.

Als Luther am Abend des 17. Februar starke Beklemmungen und Todesahnungen verspürte, rief man Graf Albrecht an sein Krankenbett. Auch die Gräfin und zwei Ärzte besuchten Luther und bereiteten ihm eine »allerköstliche Arznei«, geriebenen Walzahn mit Wein, die ihm aber auch nicht helfen konnte. In der Nacht, kurz vor drei Uhr, ist Martin Luther friedlich und sanft im Herrn entschlafen. Eilboten brachten die Todesnachricht nach Torgau zum Kurfürsten, und der schickte seinen Kanzler Brück nach Wittenberg. Johannes Bugenhagen und Philipp Melanchthon, die beiden engsten Familienfreunde, überbrachten Katharina schonend die Todesnachricht. »So ist das arme Weib, wie leichtlich zu achten, hart erschrocken und in großer Betrübnis, sonderlich auch der dreien Söhne halben, die der Doktor seliger zu Eisleben gehabt, daß sie nicht weiß, wie sie dieselben über des Vaters Tod halten mögen.«

Vom Kurfürsten erhielt Katharina ein Beileidsschreiben.

»An Catharina, Doctoris Martini seliger Gedächtnis verlassene Witwe zu Wittenberg.

Herzog Johann Friedrich, Kurfürst.

Liebe Besondere!

Wir zweifeln nicht, Ihr werdet nunmehr erfahren haben, daß der Ehrwürdige und hochgelehrte, unser Lieber Andächtiger Doctor Martin Luther seliges Gedächtnis, Euer Hauswirt, sein Leben in diesem Jammerthal zu Eisleben am nächsten Dornstag frühe zwischen 2 und 3 Uhren christlich und wohl mit gött-

Luthers Totenbild

lichen der hl. Schrift Sprüchen beschlossen hat und von hinnen geschieden ist, welches Wir aber mit betrübtem und bekümmertem Gemüt vernommen. Der allmächtige Gott wolle seiner Seelen, wie Wir denn gar nicht zweifeln, gnädig und barmherzig sein! Und wiewohl Wir wohl ermessen mögen, daß Euch solcher Euers Herrn tödlicher Abgang schmerzlich und bekümmerlich sein wird, so kann doch in dem Gottes gnädigen Willen, des Allmächtigkeit es also mit ihm gnädiglich und christlich geschafft hat, nicht widerstrebt werden, sondern es will solches Gott zu befehlen sein. Darum Ihr auch soviel destoweniger bekümmern und seines christlichen Abscheidens Euch trösten wollet. Denn Wir seind gnädiglich geneigt, Euch und Eure Kinder um Eures Herren sel. willen, dem Wir in sonderen Gnaden und Guten geneigt gewest, in gnädigem Befehl zu haben und nicht zu verlassen. Das wollen Wir Euch gnädiger Meinung nicht verhalten.

Datum Torgau, Sonnabends nach Valentini 1546.«

Die Grafen Mansfeld wollten Luthers Leichnam in Mansfeld behalten, aber der Kurfürst bestimmte, daß Luther in Wittenberg in der Schloßkirche beigesetzt wurde. Deshalb wurde eilig ein Zinksarg gegossen und Luthers Leichnam hineingelegt.

Der Sarg wurde dann einen Tag im Sterbehaus aufgebahrt und am 19. Februar in die St. Andreaskirche, wo Luther am 14. Februar seine letzte Predigt gehalten, überführt. Justus Jonas, Luthers alter Freund, hielt die Leichenrede. In der Nacht hielten Eislebener Bürger die Totenwache. (Am Sterbehaus, heute Museum, am Andreaskirchplatz 7, ist eine Gedenktafel angebracht.)

Am Morgen des 20. Februar setzte sich der lange Trauerzug nach Halle in Bewegung. Die Grafen Mansfeld begleiteten den Leichenzug mit sechzig Reitern. In den Dörfern läuteten überall die Glocken. Unter Weinen und Wehklagen von Bürgern und Bauern, Frauen und Mägden kam der Sarg in der Kirche zu »Unserer lieben Frau« einige Stunden zu spät an. Hallenser Bürger hielten die Totenwache.

Am 21. Februar zog der Leichenzug unter Glockengeläut weiter nach Wittenberg. In Bitterfeld wurde er von den Abgeordneten des Kurfürsten und dem Stadthauptmann in Empfang genommen. Die Ankunft in Wittenberg verspätete sich. Melanchthon teilte in einem Anschlag an der Schloßkirche mit, daß Luthers Sarg mit seinem Leichnam erst einen Tag später erwartet werde.

Noch bei Dunkelheit strömten die Bürger von Wittenberg, Professoren und Studenten, der Rat der Stadt zum Elstertor vor dem Schwarzen Kloster, wo Katharina mit ihren Kindern, Verwandten und Freundinnen auf den toten Luther und den Leichenzug warteten. Um neun Uhr verkündete eine kleine Glocke, daß der Sarg sich Wittenberg näherte.

Theologen, Professoren und Studenten gingen an der Spitze des Leichenzuges. Ihnen folgten zu Pferde die kurfürstlichen Abgeordneten und die Grafen von Mansfeld mit ihrem großen Gefolge. Hinter dem Sarg fuhr Katharina in ihrem Wäglein mit ihrer Tochter Margaretha und einigen Matronen, hinter ihnen gingen die drei Söhne, gefolgt vom Oheim Jakob Luther, Vettern und Verwandten.

»Das Volck auß den Dörfern kam zugelauffen, Mann, Weib und Kinder und haben Zeichen eines ernstlichen Mitleiden gegeben«, berichtete die Lokalchronik.

Unter Weinen und Wehklagen und Glockengeläut zog der unendlich lange Leichenzug durch Wittenberg, vom Schwarzen Kloster über den Markt zur Schloßkirche. Johannes Bugenhagen hielt die Leichenpredigt in deutsch, Melanchthon die Gedächtnisrede in lateinisch. Jüngere Professoren senkten den Sarg in die Gruft, neben dem Predigtstuhl, wo Luther gepredigt hatte, zuletzt am 17. Januar 1546. Der »Fürst Gottes« wurde wie ein Fürst beigesetzt. Er ruht neben zwanzig Fürsten und Fürstinnen in der Gruft. Die eiserne Deckplatte über dem Grab Luthers trägt die Inschrift: »Hier ist begraben der Leib des Doktors der heiligen Theologie Martin Luther, der im Jahre Christi 1546 am 18. Februar in seiner Heimatstadt Eisleben starb, nachdem er 63 Jahre, 2 Monate, 10 Tage gelebt hatte.«

»Es war eine harte Wunde, die sie (Katharina) durch den Tod ihres Ehegemahl empfing. Und dazu mußte sie noch klagen, daß derselbe in einem anderen Orte gestorben war, wo sie nicht bei dem Kranken Treue und die letzten Liebesdienste hat erweisen können.«

Ein Leben ohne Martin Luther war für Katharina von Bora nahezu undenkbar. Auch Luther hatte gewünscht ohne seine

Luthers Grabmal in der Schloßkirche

liebe Käthe nicht weiterzuleben. Als sie 1540, nach einer Fehlgeburt, ernsthaft krank war, hatte er zu ihr gesagt: »Liebe Käthe, stirb mir ja nicht.«

An ihre Schwägerin Christina von Bora schrieb sie nach Luthers Tod:

»Freundliche liebe Schwester!

Daß Ihr ein herzliches Mitleiden mit mir und meinen armen Kindern tragt, gläub' ich herzlich. Denn wer wollt' nicht billig betrübt und bekümmert sein um einen solchen teuern Mann, als mein lieber Herr gewesen ist, der nicht allein einer Stadt oder einem einigen Land, sondern der ganzen Welt gedienet hat. Derhalben ich wahrlich so sehr betrübt bin, daß ich mein großes Herzeleid keinem Menschen sagen kann, und weiß nicht, wie mir zu Sinn und zu Mut ist. Ich kann weder essen noch trinken, auch dazu nicht schlafen. Und wenn ich hätt' ein Fürstentum und Kaisertum gehabt, sollt' mir so leid nimmer geschehen sein, so ich's verloren hätt', als nun unser lieber Herrgott mir, und nicht allein mir, sondern der ganzen Welt, diesen lieben und teuern Mann genommen hat. Wenn ich daran gedank', so kann ich vor Leid und Weinen – das Gott wohl weiß – weder reden noch schreiben.

Katharina,
des Herrn Doctor Martinus Luther
gelassene Witfrau.«

Schon 1542, als Luther schwer krank war, hatte er sein Testament gemacht.

»Ich, Martin Luther, Doktor, bekenne mit dieser meiner eigenen Handschrift, daß ich meiner lieben und treuen Hausfrau Katherin gegeben habe zu Wipgeding (persönliche Nutzung) oder wie man das nennen kann, auf ihr Lebenlang, womit sie ihres Gefalles und zu ihrem Besten gebaren möge, und gebe ihr das Kraft dieses gegenwärtigen und heutigen Tages:

Nämlich das Gütlein Zülsdorf, wie ich dasselbe gekauft und zugerichtet habe, allerdings (ganz und gar) wie ich's bis daher gehabt habe.

Zum andern das Haus Bruno zur Wohnung, so ist unter meines Wolfs (Sieberger) Namen gekauft habe.

Zum dritten die Becher und Kleinode, als Ringe, Ketten, Schenkgroschen, gülden und silbern, welche ungefähr sollten bei 1000 Gulden wert sein.

Das tue ich darum:

Erstlich, daß sie mich als ein fromm, treu, ehelich Gemahl allzeit lieb, werth schön gehalten und mir durch reichen Gottessegen fünf lebinge Kinder (die noch vorhanden, Gott geb lange) geboren und erzogen hat. Zum andern, daß sie die Schuld, so ich noch schuldig bin (wo ich sie nich bei Leben ablege) auf sich nehmen und bezahlen soll, welcher mag sein ungefähr (mir bewußt) 450 Gulden; mögen sich vielleicht wohl mehr finden.

Zum dritten und allermeist darum, daß ich will, sie müsse nicht den Kindern, sondern die Kinder ihr in die Hände sehen, sie in Ehren halten und unterworfen sein, wie Gott geboten hat.

Denn ich wohl gesehen und erfahren, wie der Teufel wider dies Gebot die Kinder hetzet und reizet, wenn sie gleich fromm sind, durch böse und neidische Mäuler, sonderlich wenn die Mütter Witwen sind und die Söhne Ehefrauen und die Töchter Ehemänner kriegen und wiederum die Schwiegermutter eine Schwiegertochter und die Schwiegermutter eine Schwiegermutter.

Und ob sie nach meinem Tode genöthigt oder sonst verursacht würde sich zu verändern (wieder verheiraten), so traue ich doch und will hiemit solches Vertrauen halten, sie werde sich mütterlich gegen unser beider Kinder halten. Und bitt auch hiemit unterthänig meinen gestrengen Herrn Herzog Johann Friedrich, Kurfürst usw., Seine Kurfürstliche Gnaden wollten solche Begabung oder Wipgeding gnädiglich schützen und handhaben.

Auch bitt ich alle meine guten Freunde, sie wollten meiner lieben Käthe Zeugen sein und sie entschuldigen (verteidigen) helfen, wo etzlich unnütze Mäuler sie beschworen oder verunglimpfen wollten.«

Nach dem »Sachsenspiegel«, dem damaligen gültigen Recht, waren nicht die Witwen, sondern die Kinder die Erben oder die nächsten Blutsverwandten des Mannes. Luther wollte deshalb mit seinem Testament Katharina als Erbin einsetzen. Das stieß jedoch auf Widerstand. Das Testament hatte sich Luther, gutgläubig wie er oft war, nicht von seinem Fürsten bestätigen lassen und für Katharina keinen Vormund eingesetzt. Die Witwe war nicht der Vormund ihrer eigenen Kinder und bekam selbst einen Vormund. Das Testament war auch nicht von einem Notar, sondern nur von den engsten Freunden, Melanchthon und Bugenhagen bezeugt. Der Kurfürst verlieh dem Testament von Luther zugunsten von Katharina zwar Gültigkeit, doch gab es lange Verhandlungen wegen der Vormundschaft für sie und die Kinder.

Als Vormund wollte Katharina für sich den Stadthauptmann Erasmus Spiegel und ihren Bruder Hans von Bora haben, für ihre Kinder Jakob Luther aus Mansfeld und den Bürgermeister von Wittenberg Ambrosius Reuter und ihren Freund und Nachbar Philipp Melanchthon. Am 24. März, einen Monat nach Luthers Beisetzung, wurden für Katharina auf ihr persönliches Bitten vom Kurfürsten Spiegel und ihr Bruder Hans als Vormunde eingesetzt.

Man versuchte auch, ihr die Erziehung ihrer Kinder zu entziehen. Der Kurfürst wollte Hans, den ältesten Sohn, an seinen Hof nehmen, dieser wollte aber lieber weiterstudieren. Katharina, die meinte, bei ihr sei er am besten aufgehoben und aus Angst, er könne in »schlechte Gesellschaft« geraten, bat den Kurfürsten, ihn und ihre beiden anderen Söhne Paul und Martin bei sich zu behalten. Am 21. Mai teilte ihr der Kurfürst mit, daß die Söhne und ihre Tochter Margaretha bei ihr bleiben dürften, um »des Doctors seligen Söhne alle drei zu Zucht, Tugend und Lahr mit Fleiß gehalten werden«. Der Kurfürst stand stets auf der Seite von Katharina, während sein Kanzler Gregor Brück gegen sie eingestellt war. Mit Erlaubnis des Kurfürsten kaufte Katharina das Gut Wachsdorf in Wittenberg.

Auch Herzog Albrecht von Preußen hatte sich für Katharina beim Kurfürsten stark gemacht und sie in allen Fragen unterstützt. König Christian III. von Dänemark, den Justus Jonas gebeten hatte, der Witwe und ihrer Kinder »gnädiger Herr« zu sein, stiftete einen Ehrensold von fünfzig Talern. Das Schwarze Kloster sollte verkauft werden, aber es fand sich für das große Haus kein Käufer. So führte Katharina wieder die Burse, den Mittagstisch für Studenten und Professoren ein.

Krieg – Not und Tod

Nur wenige Wochen nach Luthers Tod brach der Schmalkaldische Krieg aus, und Wittenberg wurde von den kaiserlichen Truppen belagert. Katharina flüchtete mit ihren Kindern nach Magdeburg. Ihr ältester Sohn Hans kämpfte als Fähnrich auf der Seite von Kurfürst Johann Friedrich gegen Kaiser Karl V. und den Kurfürst Moritz von Sachsen.

»Als der Krieg ausbrach, irrte sie mit ihren verwaisten Kindern im Elend umher, unter sehr großen Beschwerden und Gefahren, und außer den Übelständen, die für eine Witwe vielfältig sind, erfuhr sie auch großen Undank von vielen, von denen sie wegen der ungeheuren öffentlichen Verdienste ihres Gatten um die Kirche Wohltaten erhoffte, aber in schändlicher Weise enttäuscht wurde«, gab Philipp Melanchthon in einem öffentlichen Anschlag später bekannt.

Im November wurden in Wittenberg die Vorstädte und »Lusthäuser« verbrannt. Die stark befestigte Stadt und das Schwarze Kloster hinter der Stadtmauer blieben unzerstört. Aber die Besatzungstruppen drohten Luthers Gebeine in der Schloßkirche auszugraben und zu verbrennen. Kaiser Karl V. konnte dies jedoch verhindern.

Noch im November kehrte Katharina mit ihren Kindern nach Wittenberg zurück. Aber schon im Januar 1547 mußte sie erneut vor den kaiserlichen Truppen nach Magdeburg fliehen. Sie hatte nun die Absicht, nach Dänemark zu König Christian III., der ein großer Anhänger Luthers war und sie nach seinem Tode unterstützte, zu gehen. Sie schrieb ihm aus Magdeburg am 9. Februar:

»Durchlauchtigster, großmächtiger König, gnädigster Herr!

E.K.M. sei mein andächtig Gebet gegen Gott dem Herrn vor (für) E.K.M. und aller der Ihren Wohlfahrt und glückselig Regiment allzeit mit hohem Fleiß zuvoran bereitet.

Gnädigster Herr. Nachdem ich in diesem Jahre viel große schwere Bekümmernis und Herzeleids gehabt, als da erstlich mein und meiner Kinder Elend mit Absterben meines lieben Herrn, welches Jahrzeit jetzt den 18. Februar sich nahet, angangen; darnach auch diese gefährliche Kriege und die Verwüstung dieser Länder unseres lieben Vaterlandes gefolget und noch kein Ende dieses Jammers und Elends zu sehen: ist mir in solchem Bekümmernis ein großer und hoher Trost gewesen, daß E.K.M. beides, mit gnädigster Schrieft und Uebersund der funfzig Thaler zu bequemer Unterhaltung meiner und meiner Kinder, auch ferner E.K.M. gnädigster Erbietung, Ihre gnädigste Neigung gegen mir armen verlassenen Witfrau und meiner armen Waisen vermeldet; welches auch vieler andern zuvor gnädigst erzeigten Wohlthaten halber gegen E.K.M. ich mich unterthänigst bedanke; verhoffend, Gott der Herr, welcher sich einen Vater der Witwen und Waisen nennet, wie ich denn täglich zu ihm bitte, werde solches E.K.M. und Ihr Gemahl, meine gnädigste Frau Königin, und die ganze junge Herrschaft samt Ihren Landen und Leuten hiemit und allzeit fleißig thu befehlen.

Geben zu Magdeburg, den 9. Februari A.D. MDXLVII

E.K.M. gehorsame
Katharina Lutherin,
seliger Gedächtnis Doctoris
Martini Luthers verlassne Witfrau.«

Als Katharina auf dem Weg zu König Christian ihre Reise in Braunschweig unterbrach, riet der Herzog Franz von Lüneburg ihr von ihrem Plan ab und kehrte mit ihren Kindern nach Magdeburg zurück.

Kurfürst Johann Friedrich, Luthers Förderer und Katharinas Beschützer, mußte im Mai 1547 die Stadt Wittenberg dem Feind übergeben und in Gefangenschaft gehen. Der 75jährige

Maler Lucas Cranach, Hofmaler und Freund Luthers, folgte ihm in die Verbannung nach Weimar, wo er 1553 starb.

Im Juni 1547 zogen die »Kaiserlichen« wieder von Wittenberg ab, und Katharina konnte mit ihren Kindern ins Schwarze Kloster zurückkehren. Ihr Haus und ihre Güter und Gärten waren unzerstört, aber die Dörfer und Höfe ringsum hatten die feindlichen Soldaten verwüstet.

Katharinas Sohn Hans kam ebenfalls zurück nach Wittenberg, und sie wünschte, daß er in Königsberg studieren sollte. An Herzog Albrecht von Preußen, der sich mit Luther und seiner Familie eng verbunden fühlte, schrieb sie:

»Durchlauchtigster und hochgeborner Fürst und Herr!

Da ich E.F.Gn. gegen meinen lieben Herrn gottseligen, Doctorem Martinum mit sonderlichen Gnaden allezeit erzeigt, so habe ich keinen Zweifel gestellt. E.F.Gn. würden auch mich aus sonderlichen Gnaden, so unser lieber Gott E.F.Gn. zu seinem göttlichen Wort, das zu lieben, zu schützen und zu handhaben verliehen, auch um meines lieben Herrn seliger willen als eines wahren Propheten dieser letzten gefährlichen und unruhigen Zeiten mich und meine lieben Kinder als nachgelassene Witwe und Waise in gnädigen Schutz nehmen und Ihnen befohlen sein lassen.

Als ohne Not, E.F.Gn. zu erinnern, in wie schwere Not meine Haushaltung ich nach jetzt ergangener Kriegsführung gediehen, auch wie kümmerlich ich bisher von meinen armen verwüsteten und verheerten Gütern mich samt meinen Kindern ernähren und erhalten müssen – hab ich auf Rat des Herrn Philippi (Melanchthon) und Anzeigen des Herrn Dr. Sabini, wie geneigt E.F.Gn. abgefertigt, und nachdem dann E.F.Gn. ihn noch eine zeitlang bei den Studien zu erhalten sich gnädigst erboten, will gegen E.F.Gn. ich mich derselbigen gnädigen Förderung und Mitsorge für meine nachgelassenen armen Kinder auf demütigste bedankt haben.

...

Datum Wittenberg, den 29. Mai Anno 49

E.F.Gn. demütige und unterthänige
Catharina, D. Martin Luthers
seliger nachgelassene Witwe.«

Zwei Jahre studierte Hans Luther auf Kosten von Herzog Albrecht von Brandenburg in Königsberg an der vom Herzog gestifteten Universität. Im April 1551 bat Katharina den Herzog, ihm ein Studium in Frankreich und Italien zu erlauben und zu finanzieren und daß er sie auf der Reise dorthin in Wittenberg besuchen dürfe.

Sohn Hans scheint sich in Königsberg nicht nur seinen juristischen Studien gewidmet zu haben. Katharinas Bitte, ihn woanders studieren zu lassen, wurde vom Herzog abgelehnt. »Wir befinden, daß Unser gnädiger Wille bei ihm nicht dermaßen, wie Wir wohl gehofft, angewendet«, schrieb ihr der Herzog nach Wittenberg.

Dennoch verließ Hans Luther mit einem guten Zeugnis Königsberg. Als fürstlicher weimarischer Rat besuchte er in amtlicher Funktion später Königsberg, die Stadt seiner fröhlichen Studentenjahre.

In Wittenberg, wo Katharina mit ihrer Tochter Margaretha und dem jüngsten Sohn Paul lebte, brach 1552 wieder einmal die tödliche Pest aus. Der Rat der Stadt Torgau bot ihr, der Universität, ihren Professoren und Studenten, die sächsische Residenzstadt als Zufluchtsstätte an. Im heißen Sommer zogen die Professoren nach Torgau. Aber Katharina blieb mit ihrer Tochter und ihrem Sohn noch bis September in Wittenberg wohnen. Erst als im Schwarzen Kloster die ersten Pestopfer zu beklagen waren, entschloß sie sich, mit ihren Kindern nach Torgau überzusiedeln. Unterwegs scheuten ihre Pferde. Katharina sprang vom Wagen und stürzte in einen Graben. Krank kam sie in Torgau an und hatte nur noch den Wunsch, bald zu sterben.

Sie war auch in finanzieller Not. Im Januar hatte sie erneut an König Christian von Dänemark einen Bittbrief geschrieben. Sie bat in »meine Elend unterthäniglich zu ersuchen, des Verhoffens, E.K.M. werden mir armen und itzt von jedermann ver-

Epitaph für Katharina von Bora in der Marienkirche zu Torgau

lassenen Witwe solch mein unwürdig Schreiben gnädiglich zu gut halten und mir aus Gnaden solch Geld folgen lassen. Denn E.K.M. sonder Zweifel bewußt, wie es nu nach dem Abgang meines sel. Mannes gestanden, wie man die Elenden gedrückt, Witwen und Waisen gemacht. Aus diesen und anderen Ursachen werde ich gedränget, E.K.M. unterthänig zu ersuchen, nachdem sich ein jeder so fremd gegen mir gestellt und sich meiner niemand erbarmen will.«

Drei Monate lebte Katharina von Bora noch in dem Haus in Torgau, in dem sie vor über fünfundzwanzig Jahren Luther, nach ihrer Flucht aus dem Kloster, zum ersten Mal begegnet war. Sechs Jahre nach seinem Tod ist sie in dem Haus in der Katharinenstraße 11 am 20. Dezember 1552 gestorben.

Der Rektor der Wittenberger Universität, der wegen der Pest nach Torgau mit seinen Professoren und Studenten geflohen war, ordnete für sie ein feierliches Begräbnis an. Der Leichenzug der »edlen Gemahlin des heiligen Mannes D. Luther« zog von ihrem Haus vorbei an der kurfürstlichen Residenz zur Stadtkirche St. Marien in Begleitung vieler Professoren, Studenten und einem Knabenchor, der Trauerlieder sang.

Die Trauerrede hielt der alte Freund der Familie und Nachbar Philipp Melanchthon. Ihre vier Kinder setzten ihr in der Kirche den Leichenstein. Auf dem Epitaph steht in der Umschrift: »Anno 1552, den 20. December, Ist in Gott Selig entschlafen allhier zu Torgau Herrn D. Martini Luthers seligen Hinderlassene wittbe Katharine.« Die Grabplatte mit dem lebensgroßen Bildnis von Katharina schmückt die Lutherrose und das Wappen der Familie von Bora.

Katharina und Martin Luthers Nachkommen

Noch auf ihrem Sterbelager hatte Katharina von Bora die Verlobung ihres Sohnes Paul mit Anna von Warbeck erlebt. Am 30. Januar, bald nach dem Tod von Katharina, war die Hochzeit in Torgau.

Das Fräulein von Warbeck, Tochter des Kurfürstlichen Hofrats und Vizekanzlers in Torgau, vorher Domherr von Altenburg, soll ein resolutes Frauenzimmer gewesen sein. Als Adlige trug sie einen Damastrock mit einer Samtschleife, was sie jedoch nach der kurfürstlichen Kleiderordnung nicht durfte, da sie bürgerlich geheiratet hatte. Sie appellierte an den Kurfürsten und den Rat von Torgau, die ihr gestatten sollten, den damastenen Rock mit dem samtenen Schweif tragen zu dürfen. Der Rat der Stadt erlaubte ihr, sich weiterhin fürstlich zu kleiden, da der Vater einer von Adel und kurfürstlicher Rat gewesen sei. »Derwegen wir denn geschehen lassen, daß sie solche Röcke zu Ehren tragen möge.«

Paul Luther, der Medizin studiert hatte, wurde Leibarzt bei Kurfürst Johann von Brandenburg, später bei Kurfürst August I. von Sachsen in Dresden. Er starb 1593 in Leipzig. Die männlichen Erben der sechs Kinder sind ausgestorben. Sein Urenkel Martin Gottlob Luther, geboren am 5. Juli 1707, Advokat in Leipzig, war der letzte männliche Nachkomme Luthers.

Katharinas und Martin Luthers ältester Sohn Hans heiratete 1555 die Tochter des berühmten Theologen Caspar Cruciger. Nach seinem juristischen Studium in Königsberg, das er in Wittenberg beendete, lebte er am Hof der sächsischen

Herzöge und Kurfürsten und an dem des Kurfürsten von Brandenburg und leistete Beihilfe im Staatsrat.

Im Jahre 1575 besuchte Hans Luther als fürstlicher Rat Königsberg, um einige Amtsgeschäfte zu erledigen. Er erkrankte im Hause seines Freundes und starb dort in seinem 50. Lebensjahr. Unter großer Teilnahme der Königsberger Bürger, vor allem der Professoren und Studenten, wurde er vor dem Altar der Altstädtischen Kirche beigesetzt. Über der Grabstätte lag eine große Steinplatte mit den vier Evangelisten. Als die Kirche im Jahre 1828 niederbrannte, wurde auf dem Kaiser-Wilhelm-Platz ein Granitwürfel angebracht mit der Aufschrift, »daß des großen Reformators ältester Sohn hier begraben liegt«.

Von Martin Luthers und Katharina von Boras drei Söhnen hat Hans Luther den männlichen Lutherstamm fortgepflanzt. Sein einziger Sohn Nikolaus wurde über hundert Jahre alt. Seine einzige Tochter Catharina, die mit einem Prediger in Sachsen verheiratet war, starb kinderlos.

Martin, Katharinas und Martin Luthers zweitältester Sohn, der wie der Vater Theologie studierte, wurde jedoch nicht Pfarrer. Er lebte bis zu seinem Tode 1564 als Privatmann in Wittenberg und war unverheiratet.

Ihre jüngste Tochter Margaretha, geb. am 17. Dezember 1534, die Luther besonders ins Herz geschlossen hatte und von tugendhaftem Charakter, wie ihre Mutter gewesen sein soll, heiratete mit zwanzig Jahren Georg von Kunheim, den sie bei Melanchthon kennenlernte, während er in Wittenberg studierte. Er stammte aus einem alten lothringischen Adelsgeschlecht. Die Hochzeit in Wittenberg am 5. August 1555, drei Jahre nach Katharinas Tod, fand in Gegenwart vieler Grafen und Herren, aller Universitätsprofessoren und vieler Wittenberger Bürger statt.

Zwei Jahre nach der Hochzeit wurde Georg von Kunheim Landrat in Mühlhausen im Kreis Pr. Eylau, südlich von Königsberg. Er lebte mit seiner Frau auf den Gütern der Kunheims in Knauten. Als Gutsherrin erinnerte Margaretha von Kunheim an ihre Mutter Katharina. Sie hatte neun Kinder, von

Tochter Margaretha, Gemälde von Kuhnheim

denen aber drei Söhne und drei Töchter im Kindesalter starben.

»Beide waren bestrebt, das deutsche Gotteswort unter ihren Standesgenossen und unter dem Volk zu verbreiten«, ist in der

Schrift »Martin Luther und wir Ostpreußen«, erschienen zum 400jährigen Reformations-Jubiläum 1917, zu lesen. Im Winter hielt der Pfarrer aus Mühlhausen jede Woche im Gutshaus eine Andacht. Für kranke Gutsleute hatte Margaretha von Kunheim eine »feine Hausapotheke«, wie einst ihre Mutter. Ihr Bruder Hans, der in Diensten des Herzogs Albrecht von Preußen (Brandenburg) stand, besuchte sie in Knauten. Schon 1570, im Alter von sechsunddreißig Jahren, ist sie gestorben. Sie wurde in der Dorfkirche von Mühlhausen beigesetzt.

Georg von Kunheim verheiratete sich drei Jahre nach ihrem Tod mit Dorothea von Ölßnitz.

Der älteste Sohn von Margaretha von Kunheim geb. Luther, Volmar, 1564 geboren, starb unverheiratet. Die Tochter Margarete von Kunheim, 1559 geboren, heiratete Hans von Saucken. Ihr Sohn, Katharinas und Luthers Urenkel, wurde Kanzler von Preußen, und dessen Enkelin war Katharina von Tettau. Einer ihrer Nachkommen war Friedrich Wilhelm von Syburg, General bei Friedrich dem Großen, ein anderer, Ludwig Karl August von Wegnern, verheiratet mit Gräfin Hedwig zu Eulenburg, preußischer Kanzler in Königsberg.

Die jüngste Tochter Anna heiratete den Fürstlichen Geheimen Rat und Oberamtmann Burkhard Wolters. Unter ihren zahlreichen Nachkommen sind Pfarrer, Ärzte und Kaufleute und Träger des Namens Mörike. Ob der Pfarrer und Lyriker Eduard Mörike ein direkter Nachkomme von Katharina von Bora und Martin Luther ist, weiß man leider nicht genau. Aber die Familie Mörike soll noch im Besitz eines der vielen silbernen Becher von Luther sein. Im Besitz der Familie von Kunheim war bis um 1800 die schriftliche Vorladung Luthers zum Reichstag in Worms mit der Unterschrift von Kaiser Karl V. Sie wurde der Königsberger Universitätsbibliothek mit fünf Lutherbriefen übergeben.

Meine herzliebe Käthe

Luthers Briefe an seine Frau

Während seiner oder ihrer längeren Abwesenheiten von Wittenberg schrieb Martin Luther seiner Frau Katharina, die er Käthe oder auch Kätchen nannte, lange Briefe, die man als Liebesbriefe bezeichnen kann. Sie sind Dokumente einer innigen Zuneigung und Verbundenheit.

Leider sind uns ihre Briefe an Luther nicht überliefert. Daß auch Katharina von Bora an Luther viele Briefe geschrieben hat, geht aus seinen Briefen an sie eindeutig hervor. So schrieb er ihr aus Coburg von der Veste am 5. Juni 1530:

»Liebe Käthe! Ich hab, glaub ich, Deine Briefe alle empfangen; so ist dies der vierte Brief, den ich Dir schreibe, seit Herr Johann von hier zu Dir gegangen ist. Lenchens Konterfei hab ich mit der Schachtel auch. Ich erkannte das Mädchen zuerst nicht, so schwarz dünkte mich's zu sein. Ich denke, wenn Du es willst entwöhnen, daß es gut sei allmählich, so daß Du ihr zuerst an einem Tag einmal abbrechest, danach des Tages zweimal, bis sie so allmählich abläßt.« (Mit Lenchen ist seine im Mai 1529 geborene Tochter Magdalena gemeint, die Katharina wohl immer noch stillte.) Dann berichtet er ihr von dem Reichstag in Augsburg, zu dem er nicht fahren konnte:

»Man beginnt zu Nürnberg und Augsburg zu zweifeln, ob etwas aus dem Reichstage werde. Der Kaiser verzieht noch immer zu Innsbruck, die Pfaffen haben etwas vor, und es geht mit Kräutern (nicht mit rechten Dingen) zu. Gott gebe, daß sie der Teufel bescheiße, Amen ...

Eilend, der Bote wollte nicht harren. Grüße, küsse, herze und sei freundlich allen und jedem nach seinem Stande!

Am Pfingsttag früh 1530 Martin Luther.«

Von den Briefen, die Luther an seine Frau Katharina schrieb, sind uns einundzwanzig erhalten. Die meisten schrieb er ihr aus Coburg, wo er während des Reichstags in Augsburg von April bis Oktober 1530 auf der Veste lebte und von dort aus die Ereignisse verfolgte.

»Meine liebe Käthe! Dieser Bote lief eilend vorüber, daß ich nichts mehr schreiben konnte, nur daß ich nicht wollte ohne meine Handschrift ihn lassen gehen.« Man hatte ihr berichtet, daß Luther in Coburg erkrankt sei. Darauf berichtete er ihr in dem Brief vom 14. August: »Ich bin seit Lorenzentag sehr gesund gewesen und habe kein Sausen im Kopfe gefühlt; das hat mich fein lustig gemacht zu schreiben, denn bisher hat mich das Sausen wohl zerplagt. Grüße alle und alles!

Ein andermal weiter. Gott sei mit Euch, Amen. Und betet getrost, denn es ist wohl angelegt und Gott wird helfen.

Gegeben am Sonntage nach Lorenzentage Anno 1530.

Martinus Luther.«

Luther besaß keinen eigenen Boten wie die Fürsten und Reichen und war auf vorübereilende Boten angewiesen, wenn er Katharina einen Brief nach Wittenberg schicken wollte.

So schrieb ihr Luther bereits einen Tag später:

»Meine liebe Käthe! Als ich den Brief hatte zugemacht, kamen mir diese Briefe von Augsburg. Da ließ ich den Boten aufhalten, daß er sie mit sich nehme. (Briefe von Melanchthon, Jonas und Agricola.) Daraus werdet Ihr wohl vernehmen, wie es zu Augsburg mit unserer Sache stehe, ganz wie ich im andern Brief geschrieben habe ...

Grüße Hansen Luthern und seinen Schulmeister, dem will ich bald auch schreiben. Grüße Muhme Lene und allesamt! Wir essen hier reife Weintrauben, wie wohl es diesen Mond (Monat) heraußen sehr naß gewesen ist. Mart. Luther.«

Seinem vierjährigen Sohn Hans hatte Luther aus Coburg geschrieben:

»Meinem herzlieben Sohn Hänschen Luther zu Wittenberg. Gnad und Friede in Christo! Mein herzlieber Sohn! Ich sehe gern, daß Du gut lernst und fleißig betest. Tue also mein Sohn und fahre fort. Wenn ich heimkomme, so will ich Dir einen schönen Jahrmarkt mitbringen (Geschenke vom Jahrmarkt).

Ich weiß einen hübschen, schönen, lustigen Garten. Da gehen viele Kinder drinnen, haben goldene Röcklein an und lesen schöne Äpfel unter den Bäumen und Birnen, Kirschen, Spillinge und Pflaumen, singen, springen und sind fröhlich. Haben auch schon kleine Pferdlein mit goldenem Zaumzeug und silbernen Sätteln. Da fragte ich den Mann, des der Garten ist, wes die Kinder wären? Da sprach er: ›Es sind die Kinder, die gern beten, lernen und fromm sind.‹ Da sprach ich: ›Lieber Mann, ich hab auch einen Sohn, heißt Hänschen Luther, möcht er nicht auch in den Garten kommen, daß er auch solche schönen Äpfel und Birnen essen möchte und solche feinen Pferdlein reiten und mit diesen Kindern spielen?‹ Da sprach der Mann: ›Wenn er gerne betet, lernt und fromm ist, so soll er auch in den Garten kommen . . .‹ Darum, lieber Sohn Hänschen, lerne und bete ja getrost. Hiermit sei dem lieben Gott befohlen und grüße Muhme Lene und gib ihr einen Kuß von meinetwegen.

Dein lieber Vater Martinus Luther.«

Luther sehnte sich in Coburg nach Katharina und den Kindern. Am 8. September schrieb er »Meiner herzlieben Hausfrau Katherin Lutherin zu Wittenberg zu Händen. Gnade und Friede in Christo. Meine liebe Käthe, dieser Bote lief eilend vorüber, daß ich nicht viel schreiben konnte. Hoff aber, wir wollen bald selbst kommen, denn dieser Bote bringt uns von Augsburg Briefe, daß die Handlung in unserer Sache ein Ende habe und man nun wartet, was der Kaiser beschließen und urteilen wird. Man hält dafür, daß es werde alles aufgeschoben auf ein künftig Concilium, denn der Bischof zu Mainz und der zu Augsburg halten noch fest, doch wollen auch der Pfalzgraf Trier und Köln nicht zum Unfried oder Kriege willigen. Die andern wollten gern wüten und erwarten, daß der Kaiser mit

Ernst gebieten werde. Es geschehe, was Gott will. Daß nur des Reichstags ein Ende werde! Wir haben genug getan und erboten; die Papisten wollen nicht ein Haar breit weichen ... Ich konnte jetzt nicht mehr vor Eile schreiben. Grüßt alle und alles! Ich hab ein großes, schönes Buch von Zucker für Hans Luther, das hat Cyriacus von Nürnberg gebracht aus dem schönen Garten. Hiermit Gott befohlen und betet ... am 8. September 1530.

Martinus Luther«.

Luthers Briefe wurden im Familien- und Freundeskreis vorgelesen, da sie offizielle Nachrichten, wie hier über den Reichstag, überbrachten.

Am 24. September schrieb er an seine Frau:

»Gestern hab ich Dir geschrieben und einen Brief meines gnädigsten Herrn mitgeschickt, daraus Du vernehmen kannst, wie die Unsern zu Augsburg wollen aufbrechen; demnach, hoff ich (wo Gott Gnade gibt), wollen wir in vierzehn Tagen bei Euch daheim sein. Wiewohl ich achte, unsere Sache werde nicht ganz unverdammt bleiben – darauf kommt es auch nicht an. Sie wollen schlechterdings die Mönche und Nonnen wieder in die Klöster haben ...

Martinus Luther.«

Luther kehrte am 13. Oktober nach Wittenberg zurück.

Auch aus Marburg, wo Luther vor dem Reichstag in Augsburg weilte und die »Marburger Religionsgespräche« führte, hat er seiner Frau ausführliche Briefe über den Verlauf der Gespräche geschrieben.

»Meinem freundlichen, lieben Herrn, Katharina Lutherin, Doktorin, Predigerin zu Wittenberg.

Lieber Herr Käth! Wisset, daß unser freundlich Gespräch zu Marburg ein Ende hat, und sind fast in allen Stücken eins, nur daß die Gegenpartei wollte eitel Brot und Abendmahl behalten und Christus als geistlich darinnen gegenwärtig bekennen. Heute handelt der Landgraf, ob wir könnten eins werden, oder doch gleichwohl, so wir uneins blieben, dennoch für Brüder und Christus Glieder untereinander uns halten ...

Ich habe viel zu tun, und der Bote eilt. Sage allen gute Nacht und bittet für uns. Wir sind noch alle frisch und gesund und leben wie die Fürsten. Küßt mir Lenchen und Hänschen! Am Tage Francisci 1529.

Euer williger Diener Martinus Luther.«

Seine Briefe an Katharina von Bora hat Luther in der Sprache zum Beginn des Neuhochdeutschen geschrieben, aber noch viele dialektische Ausdrücke aus seiner sächsischen Muttersprache übernommen. Seine Orthographie war daher nicht einheitlich.

Martin Luther weilte oft in Torgau, das seit 1456 neben Leipzig und Wittenberg die Residenz der Wettiner und nach Wittenberg ein Zentrum der Reformation war. Als er im Winter 1532 wieder einmal in Torgau war, schrieb er vor seiner Heimfahrt:

»Meiner herzlieben Hausfrau, Katharina Lutherin, zu eigenen Händen.

Gnad und Friede in Christo. Meine herzliebe Käthe! Ich hoffe, wenn Doktor Brück wird Urlaub kriegen, wie er mich vertröstet, so will ich mit ihm kommen morgen oder übermorgen. Bitte Gott, daß er uns frisch und gesund heimbringe! Ich schlafe überaus wohl, etwa sechs oder sieben Stunden aneinander und danach zwei oder drei Stunden hernach. Es ist des Biers Schuld, wie ich achte. Aber nüchtern bin ich, gleich wie zu Wittenberg.

. . .

Weil Johannes wegzieht, so will's die Notwendigkeit und Ehre fordern, daß ich ihn lasse ehrlich von mir kommen. Denn Du weißt, daß er treulich und fleißig gedient hat und wahrlich dem Evangelium nach sich demütig gehalten und alles getan und gelitten. Darum denke Du, wie oftmals wir haben bösen Buben und undankbaren Schelmen gegeben, da es alles verloren gewesen ist. So greif nun in die Tasche und laß an einem solchen frommen Gesellen auch nichts mangeln, da Du weißt, daß es wohl angelegt und Gott gefällig ist. Ich weiß wohl, daß wenig da ist; aber ich gäbe ihm gerne 10 Gulden, wenn ich sie hätte; aber unter fünf Gulden sollst Du ihm nicht geben, weil er nicht neu eingekleidet ist. Was Du drüber kannst geben, das tue, da bitte ich drum. Es könnte zwar der gemeine Kasten mir zu Ehren einem solchen meinem Diener wohl etwas schenken, angesichts dessen, daß ich meine Diener muß halten auf meine Kosten zu ihrer Kirche Dienst und Nutz; aber, wie sie wollen. Laß Du es ja an nichts fehlen, solange ein Becher da ist. Denke, wo Du es herkriegst. Gott wird wohl anderes geben, das weiß ich. Hiermit Gott befohlen, Amen.

(Johannes Rischmann war Luthers langjähriger Diener. Zehn Gulden entsprachen einem Zehntel von Luthers anfänglichem Jahresgehalt als Professor.)

Wenn ich komme, will ich erzählen, wie Mühlpfort und ich bei dem Riedesel zu Gast gewesen und Mühlpfort mir viel Weisheit erzeiget. Aber ich war nicht trinkerlich nach solchem Trank. Küßt mir den jungen Hansen von mir und heißet Hänschen, Lenchen und Muhme Lene für den lieben Fürsten und für mich beten. Ich kann in dieser Stadt, wiewohl jetzt Jahrmarkt ist, nichts finden zu kaufen für die Kinder. Wo ich nichts brächte Besonderes, so schaffe mir Du etwas Vorrat. Dienstags nach Reminiscere 1532.

D. Martinus Luther.«

Hermann Mühlpfort war Torgauer Ratsherr und Führer der Reformation in Zwickau. Er starb 1534. In Torgau finden noch heute Jahrmärkte statt.

Im Sommer 1534 kam Luther mehrfach nach Dessau, um dort zu predigen, nachdem die Dessauer Fürsten zum Protestantismus übergetreten waren und Luther im Schloß empfingen. Am 29. Juli schrieb Luther:

»Meinem freundlichen, lieben Herrn, Frau Katharin von Bora, D. Lutherin zu Wittenberg.

Gnad und Fried in Christo! Lieber Herr Käthe! Ich weiß Dir nichts zu schreiben, weil Magister Philippus samt den andern selbst heimkommt. Ich muß länger hier bleiben um des frommen Fürsten (Joachim von Anhalt) willen. Du magst denken, wie lange ich hier bleiben werde oder wie Du mich losmachst. Ich denke, Magister Franziskus wird mich wieder losmachen, wie ich ihn losgemacht habe, doch nicht so bald.

Gestern hatte ich einen bösen Trunk gefasset, da mußt ich singen: ›Trink ich nicht wohl, das ist mir leid, und tät's so rechte gerne.‹ Und gedachte wie gut Wein und Bier hab ich daheim, dazu eine schöne Frau, oder sollt ich sagen: Herren. Und Du tätest wohl daran, daß Du mir herüberschicktest den ganzen Keller voll meines Weins und eine Flasche Deines Biers, sobald Du kannst, sonst komme ich vor dem neuen Bier nicht wieder. Hiermit Gott befohlen samt unsern Kindern und allem Gesinde, Amen. Mittwochs nach Jakobi 1534.

Dein Liebchen Mart. Luther D.«

Im Feburar 1537 tagte in Schmalkalden der Bundestag, auf dem über den Besuch des päpstlichen Konzils zu Mantua Verhandlungen geführt wurden und der Schmalkaldische Bund um zehn Jahre verlängert wurde. Der Schmalkaldische Bund wurde 1530 von den protestantischen Fürsten zur Wahrung ihrer religiösen und territorialen Ziele gegen Kaiser Karl V. geschlossen.

Während der Tagung erkrankte Luther schwer. Von der Heimreise schrieb er seiner Frau Katharina aus Tambach: »Ich selber bin gestern von Schmalkalden aufgebrochen und auf meines gnädigen Herrn eigenem Wagen hierher gefahren. Die Ursache ist die: Ich bin nicht mehr als drei Tage hier gesund gewesen, und es ist bis auf diese Nacht vom ersten Sonntag an kein Tröpflein Wasser von mir gekommen, hab nie geruht noch geschlafen, kein Trinken noch Essen behalten mögen. Summa, ich bin tot gewesen und hab Dich mit den Kindlein Gott befohlen und meinem gnädigen Herrn, als würde ich Euch in dieser Sterblichkeit nimmermehr sehen; hat mich Euer sehr erbarmt, aber ich hatte mich dem Grabe beschieden. Nun hat man so fest gebetet für mich zu Gott, daß vieler Leute Tränen vermocht haben, daß mir Gott diese Nacht der Blasen Gang hat geöffnet, und in zwei Stunden wohl ein Stübchen von mir gegangen ist, und mich dünkt, ich sei wieder von neuem geboren.

Darum danke Gott und laß die lieben Kindlein mit Muhme Lene dem rechten Vater danken. Denn Ihr hättet diesen Vater gewißlich verloren. Der fromme Fürst hat lassen laufen, reiten, holen und mit allem Vermögen sein Höchstes versucht, ob mir möchte geholfen werden, aber es hat nicht wollen sein. Deine Kunst hilft mir auch nicht mit dem Mist. Gott hat Wunder an mir getan diese Nacht und tut's noch durch frommer Leute Fürbitte.

(Mist war ein von Katharina von Bora gemixtes Heilgetränk aus Pferdeäpfeln und Knoblauch.)

Solches schreib ich Dir darum, weil ich glaube, daß mein gnädigster Herr habe dem Landvogt befohlen, Dich mir entgegenzuschicken, da ich unterwegs sterben könnte, daß Du zuvor mit mir reden oder mich sehen könntest, was nun nicht not ist, und magst wohl daheim bleiben, weil mir Gott so reichlich geholfen hat, daß ich hoffe, fröhlich zu Dir zu kommen. Heut liegen wir zu Gotha. Ich habe sonst viermal geschrieben; wundert mich, daß nichts zu Euch gekommen ist.

Dienstag nach Reminiscere 1537.

Martinus Luther.«

Luther soll in Tambach aus einer Quelle Wasser getrunken haben und danach Erleichterung gespürt haben. Im Tammichgrund erinnert der »Lutherbrunnen« daran. Seinem ältesten Sohn Hans schrieb Luther aus Wittenberg: »Bisher haben mir, mein liebster Sohn, Deine Studien und die Briefe, die Du mir geschrieben hast, gefallen. Wenn Du so fortfährst, machst Du nicht nur mir als Deinem Vater, der Dich liebhat, eine Freude, sondern es wird auch vor allem Dir selbst nützen, daß Du nicht den Anschein erweckst, aus der Art geschlagen zu sein. Deshalb sorge dafür, daß Du, was Du begonnen hast, fleißig fortführst. Denn Gott, der geboten hat, daß die Kinder ihren Eltern gehorsam sein sollen, hat den gehorsamen Kindern auch seinen Segen verheißen. Siehe zu, daß Du auf diesen Segen allein Deinen Blick richtest und Dich nicht etwa durch schlechte Vorbilder davon abbringen läßt. Denn derselbe Gott hat auch den ungehorsamen Kindern den Fluch angedroht. Fürchte also Gott, den segnenden und den fluchenden, der, wenn er auch seine Verheißungen und Drohungen zum Verderben der Bösen aufschiebt, sie doch ganz schnell erfüllt zum Heil der Guten.

Fürchte also Gott und höre auf Deine Eltern, die gewiß nur das Beste für Dich wollen, und fliehe schändliche und unehrenhafte Gesellschaft. Deine Mutter grüßt Dich von Herzen, desgleichen Muhme Lene, ebenso Deine Schwestern und Brüder, die auch alle einen guten Fortgang und ein glückliches Ende Deiner Studien wünschen. Die Mutter läßt Dir sagen, Du solltest Deinen Lehrer und seine Frau grüßen. Außerdem, wenn sie mit Dir hier sein wollten zur Fastnacht, d. h. in den fröhlichen Tagen, so könnte es gerne sein, weil ich ja dann nicht da bin. Muhme Lene bittet sehr darum. Leb wohl, mein Sohn, und lerne und höre auf die Ermahnungen guter Leute. Der Herr sei mit Dir. Gegeben am Samstag nach Pauli Bekehrung 1537.

Martinus Luther, Dein leiblicher und geistiger Vater.«

Im Sommer 1540 reiste Luther nach Eisenach. Auf dem Wege in die thüringische Stadt, wo er als Schüler gelebt und später dann auf der Wartburg das Neue Testament übersetzte, verbrachte er zwei Wochen in Weimar und predigte dort in der Stadtkirche St. Peter und Paul (heute Herderkirche).

Aus Weimar schrieb Luther am 2. Juli nach Wittenberg: »Meiner herzlieben Käthe, Doktorin Lutherin usw., Frau auf dem neuen Saumarkt zu Händen.

Gnad und Friede! Liebe Jungfrau Käthe, gnädige Frau von Zulsdorf (und wie Euer Gnaden mehr heißt!). Ich füge Euch und Euer Gnaden untertäniglich zu wiessen, daß mir's hier gut geht. Ich fresse wie ein Böhme und saufe wie ein Deutscher, das sei Gott gedankt, Amen ...

Ich habe dem Doktor Pommer Pfarrer geschrieben, daß der Graf zu Schwarzburg einen Pfarrer gen Greußen bittet. Da magst Du auch als eine kluge Frau und Doktorin mit Magister Georg Major und Magister Ambrosius helfen zu raten, welcher unter den dreien sich wolle bereden lassen, die ich dem Pommer angezeigt. Es ist nicht eine schlechte Pfarre. Doch seid Ihr klug und macht's besser ...

Ich hab auch der Kinder Briefe, auch des Baccalaureus gekriegt, aber von Euer Gnade hab ich nichts gekriegt. Werdet jetzt auf das vierte Schreiben, so Gott will, einmal auch antworten mit Eurer gnädigen Hand ...

Seid fröhlich alle und betet. Amen. Weimar, die visitationis (am Tage der Heimsuchung Mariens) 1540.

Martinus Luther, Dein Herzliebchen.«

(Am Saumarkt hatte Luther einen Garten für seine Frau gekauft. Mit Doktor Pommer ist sein Freund Johannes Bugenhagen gemeint, der aus Pommern stammte.)

Als Luther in Eisenach angekommen war, schrieb er »Frau Katherin Luderin zu Wittenberg etc., meiner lieben Hausfrau etc.

Gnad und Friede! Liebe Jungfer Käthe. Ich schicke Dir hier mit dem Fuhrmann Doktor Bleikards usw. A 42 Taler, mein künftigen Miachaelis fälliges Gehalt, dazu die 40 Gulden Georg Schnells zur Verrechnung, derer magst Du brauchen, bis wir kommen. Wir haben zu Hofe nicht einen Pfennig kleine Münze haben können, so wenig als Ihr zu Wittenberg habt ... Ich denke aber, es seien nun gekommen und werden bald kommen 1000 Gulden an Gröschlein von meinem gnädigsten Herrn zum Umwechseln usw. Denn es ist ja so befohlen ... Du magst versuchen bei Hans von Taubenheim zu Torgau, ob er Dir für die Taler kleine Münze könnte oder wollte wechseln.

Nichts Neues, als daß auch hier in diesen Landen der Teufel auch tobt mit schrecklichen Exempeln seiner Bosheit und die Leute treibt zu Mordbrand, Eigenmord usw., werden auch flugs darüber gefangen und gerichtet ...

Hiermit Gott befohlen, Amen.

Sonnabends nach Kiliani 1540.

Martinus Luther.«

Am 16. Juli schrieb Luther aus Eisenach:

»Meiner gnädigen Jungfer Katherin Lutherin von Bora und Zülsdorf zu Wittenberg, meinem Liebchen.

Meine liebe Jungfer und Frau Käthe! Euer Gnade sollen wissen, daß wir hier (Gott Lob) frisch und gesund sind, fressen wie die Böhmen (doch nicht sehr), saufen wie die Deutschen (doch nicht viel), sind aber fröhlich, denn unser gnädiger Herr Magdeburg, Bischof Amsdorf, ist unser Tischgenosse.

...

Schreibe mir auch einmal, ob Du alles gekriegt hast, was ich Dir gesandt, wie kürzlich 90 Gulden mit Wolf Fuhrmann usw. Hiermit Gott befohlen, Amen. Und laß die Kinder beten. Es ist allhier solche Hitze und Dürre, daß es unsäglich und unerträglich ist Tag und Nacht. Komm, lieber Jüngster Tag, Amen. Freitags nach Margarethen 1540. Der Bischof von Magdeburg (Amsdorf) läßt Dich freundlich grüßen.

Dein Liebchen Martinus Luther.«

Am 26. Juli schrieb Luther vor seiner Heimreise:

»Der reichen Frau zu Zülsdorf, Frau Doktorin Katherin Ludherin, zu Wittenberg leiblich wohnhaftig und zu Zülsdorf geistlich wandelnd, meinem Liebchen zu Händen.

... wollten schaffen, daß wir einen guten Trunk Biers bei Euch finden. Denn, so Gott will, morgen dienstags wollen wir aufbrechen gegen Wittenberg zu.

Es ist mit dem Reichstage zu Hagenau ein Dreck; ist Mühe und Arbeit verloren und Unkosten vergeblich. Doch wenn wir schon nichts anderes ausgerichtet, so haben wir doch Magister Philippus wieder aus der Hölle geholt und wollen ihn aus dem Grabe wieder fröhlich heimbringen, so Gott will und mit seiner Gnade, Amen.

Es ist der Teufel draußen selber mit neuen bösen Teufeln besessen, brennet und tut Schaden, daß es schrecklich ist ... Betet und lasset beten, wider den leidigen Satan, aufs allerheftigste! ...

Ich bin nicht gewiß gewesen, ob Dich diese Briefe zu Wittenberg oder zu Zülsdorf würden finden, sonst wollte ich geschrieben haben von mehr Dingen. Hiermit Gott befohlen, Amen. Grüße unsere Kinder, Kostgänger und alle.

Montag nach Jakobi 1540.

Dein Liebchen M. Luther D.«

Den Sommer verbrachte Katharina, seit ihr Luther das Gut Zülsdorf geschenkt hatte, auf dem einstigen väterlichen Besitz.

Am 18. September 1541 schrieb ihr Luther dorthin. »Meiner lieben Hausfrau Käthe Ludern von Bora zu Händen. Gnade und Friede! Liebe Käthe! Ich lasse hiermit Urban zu Dir laufen, auf daß Du nicht erschrecken sollst, wenn ein Geschrei vom Türken zu Dir kommen würde. Und mich wundert, daß Du wohl weißt, daß wir nicht ohne Sorge sind um Euch, weil Mainz, Heinz und viele von Adel in Meißen uns sehr feind sind. Verkaufe und bestelle, was Du kannst, und komme heim. Denn wie mich's ansieht, so will's Dreck regnen, und unsere Sünde will Gott heimsuchen durch seines Zornes Rute. Hiermit Gott befohlen. Amen. Sonntags nach Lamberti 1541.

M. Luther.«

Im Jahre 1545 besuchte Luther mit seinem Sohn Hans die Stadt Zeitz mit dem Gedanken, sich dort niederzulassen. Am 28. Juli schrieb er:

»Meiner freundlichen, lieben Hausfrau, Katharina Luther von Bora, Predigerin, Brauerin, Gärtnerin und was sie mehr sein kann.

Gnade und Friede! Liebe Käthe, wie unsere Reise ist gegangen, wird Dir Hans alles wohl sagen, wiewohl ich noch nicht gewiß bin, ob er bei mir bleiben soll, sonst werden's Doktor Caspar Cruciger und Ferdinandus wohl sagen. Ernst von Schönfeld hat uns zu Löbnitz schön ausgehalten, noch viel schöner Heinz Scherl zu Leipzig.

Ich wollt's gerne so machen, daß ich nicht brauchte wieder nach Wittenberg kommen. Mein Herz ist erkaltet, daß ich nicht gern mehr dort bin; wollt auch, daß Du verkauftest Garten und Hufe, Haus und Hof, ebenso wollt ich meinem gnädigsten Herrn das große Haus wieder schenken. Und es wäre Dein Bestes, wenn Du Dich nach Zülsdorf absetztest, solange ich noch lebe, und ich könnte Dir mit dem Solde wohl helfen, das Gütlein aufzubessern. Denn ich hoffe, mein gnädigster Herr wird mir den Sold zuteil werden lassen zum wenigsten das letzte Jahr meines Lebens. Nach meinem Tode werden Dich die vier Elemente zu Wittenberg doch nicht wohl leiden. Darum wäre es besser bei meinen Lebzeiten getan, was denn du tun sein will.

Vielleicht wird Wittenberg, wie sich's anläßt mit seinem Regiment, nicht St. Veits Tanz noch St. Johanns Tanz, sondern den Bettlertanz oder Beelzebubs Tanz kriegen, wie sie angefangen, die Frauen und Jungfrauen zu entblößen hinten und vorn und niemand ist, der da strafe oder wehre, und wird Gottes Wort dazu gespottet. Nur weg und aus diesem Sodom ... Ich habe auf dem Lande mehr gehört, als ich zu Wittenberg erfahre; darum ich der Stadt müde bin und nicht wiederkommen will, wozu mir Gott helfe.

Übermorgen werde ich nach Merseburg fahren, denn Fürst Georg hat mich sehr darum lassen bitten. Will also umherschweifen und eher das Bettelbrot essen, ehe ich meine armen, alten Tage mit dem unordentlichen Wesen zu Wittenberg martern und beunruhigen will, mit Verlust meiner sauren, teuren Arbeit. Magst solchen (wenn du willst) Doktor Pommer und Magister Philippus wissen lassen, und daß Doktor Pommer wollte hiermit Wittenberg in meinem Namen Lebewohl sagen. Denn ich kann's vor Zorn und Widerwillen nicht länger aushalten. Hiermit Gott befohlen, Amen. Dienstag, Knoblochstag 1545.

Martinus Luther D.«

Luther kehrte in das von Sitten verderbte Wittenberg im August wieder zurück; doch nur für einige Monate.

Zu Beginn des Jahres 1546 begab sich Martin Luther auf seine letzte Lebensreise nach Eisleben, in seine Geburtsstadt. Auf der Reise dorthin weilte er einige Tage in Halle. Am 25. Januar schrieb er: »Meiner freundlichen, lieben Käthe Lutherin, Brauerin und Richterin auf dem Saumarkte zu Wittenberg zu Händen.

Gnad und Friede im Herrn! Liebe Käthe! Wir sind heute um acht aus Halle gefahren, aber sind nicht nach Eisleben gekommen, sondern um neun wieder in Halle eingezogen. Denn es begegnete uns eine große Wiedertäuferin mit Wasserwogen und großen Eisschollen und drohte uns mit der Wiedertaufe und hat das Land bedeckt. Doch können wir auch nicht zurück wegen der Mulde von Bitterfeld und müssen allhier in Halle zwischen den Wassern gefangen liegen. Nicht, daß uns danach dürstete zu trinken – wir nehmen dafür gut Torgisch Bier und guten rheinischen Wein, damit laben und trösten wir uns dieweil, daß die Saale heute wollte auszürnen. Denn weil die Leute und Fährmeister selbst kleinmütig waren, haben wir uns nicht wollen ins Wasser geben und Gott versuchen. Denn der Teufel ist uns gram und wohnt im Wasser. Es ist besser verwahret als beklaget und unnötig, daß wir Narrenfreude dem Papst samt seinen Schuppen machen sollten. Ich hätte nicht gemeint, daß die Saale ein solches Bad machen könnte, daß sie über die Steine weg und alles so rumpeln sollte.

Jetzt nicht mehr. Betet für uns und seid fromm! Ich denke, wärest Du hier, so hättest Du uns auch geraten, es so zu tun – damit Du siehst, daß wir auch einmal Deinem Rat folgen. Hiermit Gott befohlen. Amen. An St. Paulus' Bekehrungstag, da wir auch uns von der Saale gen Halle kehrten, 1546.

Martinus Luther D.«

Erst einige Tage später als beabsichtigt kam Luther in Begleitung seiner Söhne in Eisleben an. Er wollte dort zwischen den Brüdern Mansfeld einen Familienzwist beilegen. Am 1. Februar schrieb er: »Meiner herzlieben Hausfrau, Katherin Lutherin, Doktorin, Zulsdorferin, Saumarkterin, und was sie mehr sein kann. Gnad und Friede in Christo und meine alte, arme Liebe und, wie E. G. weiß, unkräftige, zuvor! Liebe Käthe! Ich bin wahrlich schwach gewesen auf dem Weg hart vor Eisleben, das war meine Schuld. Aber wenn Du wärest dagewesen, so hättest Du gesagt, es wäre der Juden oder ihres Gottes Schuld gewesen. Denn wir mußten durch ein Dorf hart vor Eisleben, darinnen viel Juden wohnen; vielleicht haben sie mich so hart angeblasen. So sind hier in der Stadt Eisleben jetzt diese Stund über fünfzig Juden wohnhaft. Und wahr ist's: Da ich an dem Dorf vorbeifuhr, ging mir ein solcher kalter Wind hinten zum Wagen hinein auf meinen Kopf durch's Barett, als wollt mir's das Hirn zu Eis machen. Solches mag mir zum Schwindel etwas geholfen haben. Aber jetzt bin ich, Gott Lob, wohlauf, nur daß die schönen Frauen mich so hart anfechten, daß ich weder Sorge noch Furcht habe vor aller Unkeuschheit.

Wenn die Hauptsachen geschlichtet wären, so muß ich mich dranlegen, die Juden zu vertreiben. Graf Albrecht ist ihnen feind und hat sie schon preisgegeben. Aber noch tut ihnen niemand etwas. Will's Gott, ich will auf der Kanzel Graf Albrecht helfen und sie auch preisgeben.

Ich trinke Naumburgisch Bier, fast des Geschmacks, den Du am Mansfelder mir einst gelobt hast. Es gefällt mir gut, macht mir des Morgens wohl drei Stuhlgänge in drei Stunden. Deine Söhnchen sind gen Mansfeld gefahren vorgestern, weil sie Hans von Jena so demütiglich gebeten hatte; weiß nicht, was sie da machen. Wenn's kalt wäre, könnten sie helfen frieren; da es nun warm ist, könnten sie wohl anderes tun oder leiden, wie es ihnen gefällt. Hiermit Gott befohlen samt allem Hause und grüße alle Tischgesellen. Vigilia purificationis (Am Tage vor Mariä Reinigung) 1546.

M. Luther, Dein altes Liebchen.«

Am 6. Februar schrieb er an seine Frau aus Eisleben:

»Der tiefgelehrten Frau Katherin Lutherin, meiner gnädigen Hausfrau zu Wittenberg.

Gnad und Fried! Liebe Käthe! Wir sitzen hier und lassen uns martern, und wären wohl gern davon, aber es kann noch nicht sein (wie mich dünkt) in acht Tagen. Magister Philippus magst Du sagen, daß er seine Postille korrigiere, denn er hat nicht verstanden, warum der Herr im Evangelium die Reichtümer Dornen nennt. Hier ist die Schule, da man solches verstehen lernt. Aber mir graut, daß allewege in der Schrift den Dornen das Feuer angedroht wird, darum ich desto größere Geduld habe, daß ich mit Gottes Hilfe könnte etwas Gutes ausrichten. Deine Söhnchen sind noch zu Mansfeld. Sonst haben wir zu fressen und saufen genug und hätten gute Tage, wenn das verdrießliche Geschäft nicht wäre. Mich dünkt, der Teufel spotte unser; Gott möge ihn wiederum spotten, Amen. Bittet für uns. Der Bote eilte sehr. Am St. Dorotheentag 1546.

Martinus Luther D.«

Am gleichen Tage schrieb Luther an Melanchthon, daß er Doktor Brück bitten soll, der Kurfürst möge ihn brieflich aus dringenden Gründen nach Hause rufen.

Am 7. Februar schrieb er:

»Meiner lieben Hausfrau Katherin Ludherin, Doktorin, Saumarkterin zu Wittenberg, meiner gnädigen Frau zu Händen und Füßen.

Gnad und Friede im Herrn! Lies Du, liebe Käthe, den Johannes und den Kleinen Katechismus, wovon Du einmal sagtest: ›Es ist doch alles in dem Buch von mir gesagt.‹ Denn Du willst sorgen für Deinen Gott, gerade als wäre er nicht allmächtig, der da könnte zehn Doktor Martinus schaffen, wenn der einzige alte ersöffe in der Saale oder im Ofenloch oder auf Wolfs Vogelherd. Laß mich zufrieden mit Deiner Sorge; ich hab einen besseren Sorger, denn Du und alle Engel sind, der liegt in der Krippen und hängt an einer Jungfrauen Zitzen, aber sitzet gleichwohl zur rechten Hand Gottes, des allmächtigen Vaters; darum sei zufrieden. Amen. Ich denke, daß die Hölle und ganze Welt müsse jetzt leer sein von allen Teufeln, die vielleicht alle um meinetwillen hier zu Eisleben zusammengekommen sind, so fest und hart steht die Sache. So sind auch hier Juden, bei fünfzig in einem Hause, wie ich Dir zuvor geschrieben. Jetzt sagt man, daß zu Rißdorf, hart vor Eisleben gelegen, daselbst ich krank ward im Einfahren, sollen aus- und einreiten und -gehen an die vierhundert Juden. Graf Albrecht, der das ganze Gebiet um Eisleben herum hat, der hat die Juden, die auf seinem Eigentum ergriffen werden, preisgegeben, doch will ihnen niemand etwas tun. Die Gräfin von Mansfeld, Witwe von Solms, wird angesehen als der Juden Schützerin. Ich weiß nicht, ob's wahr sei. Aber ich hab mich heute lassen hören – wenn man's merken wollte, was meine Meinung sei –, grob genug, wenn's sonst helfen sollte.

Betet, betet, betet und helft uns, daß wir's gut machen. Denn ich hatte heute im Willen, den Wagen zu schmieren in ira mea (meinem Zorn), aber der Jammer, der mich ankam, über mein Vaterland, hat mich gehalten. Ich bin nun auch ein Jurist geworden, aber es wird ihnen nicht gedeihen; es wäre besser, sie ließen mich einen Theologen bleiben. Komme ich unter sie, wenn ich am Leben bleibe, ich möchte ein Poltergeist werden, der ihren Stolz, durch Gottes Gnade, kämmen möchte. Sie stellen sich als wären sie Gott, davon müssen sie wohl und billigerweise beizeiten abtreten, ehe denn ihre Gottheit zur Teufelheit würde, wie Lucifer geschah, der doch im Himmel vor Hoffahrt nicht bleiben konnte. Wohlan, Gottes Wille geschehe.

Du sollst Magister Philippus (Melanchthon) diesen Brief lesen lassen, denn ich nicht Zeit hatte, ihm zu schreiben. Damit kannst Du Dich trösten, daß ich Dich gern lieb hätte, wenn ich könnte, wie Du weißt, und er gegen seine Frau vielleicht auch weiß und alles wohl versteht.

Wir leben hier wohl, und der Rat schenkt mir zu jeglicher Mahlzeit ein halb Stübchen Reinfal, der ist sehr gut. Zuweilen trink ich's mit meinen Gesellen. So ist der Landwein hier gut und Naumburgisch Bier sehr gut, nur daß mich dünkt, er mache mir die Brust voll phlegmate (Schleim) mit seinem Pech. Der Teufel hat uns das Bier in aller Welt mit Pech verdorben, und bei Euch den Wein mit Schwefel. Aber hier ist der Wein rein, freilich nur was des Landes Art hergibt.

Und wisse, daß alle diese Briefe, die Du geschrieben hast, sind hierher gekommen. Und heute ist der gekommen, den Du am letzten Freitag geschrieben hast mit Magister Philipps Briefen, damit Du nicht irrest. Am Sonntag nach Dorotheen Tag 1546.

Dein Liebchen Martinus Luther D.«

Drei Tage später schrieb Luther:

»Der heiligen, besorgten Frau, Frau Katherin Lutherin, Doktorin, Zülsdorferin, zu Wittenberg, meiner gnädigen, lieben Hausfrau.

Gnad und Friede in Christo! Allerheiligste Frau Doktorin! Wir danken Euch ganz freundlich für Eure große Sorge, vor der Ihr nicht schlafen könnt. Denn seit der Zeit, seit der Ihr für uns gesorgt habt, wollte uns das Feuer verzehrt haben in unserer Herberge, hart vor meiner Stubentür. Und gestern, ohne Zweifel aus Kraft Eurer Sorge, wäre uns schier ein Stein auf den Kopf gefallen und hätte uns zerquetscht wie in einer Mausefalle. Denn es rieselte in unserem heimlichen Gemache wohl zwei Tage über unserm Kopf Kalk und Lehm, bis wir Leute dazu nahmen, die den Stein anrührten mit zwei Fingern: Da fiel er herab, so groß wie ein langes Kissen und eine große Hand breit; der hatte im Sinn, Eurer heiligen Sorge zu danken, wenn die lieben Engel nicht gehütet hätten. Ich habe Sorge, wenn Du nicht aufhörst zu sorgen, es könnte uns zuletzt die Erde verschlingen und alle Elemente verfolgen. Lernst Du so den Katechismus und das Glaubensbekenntnis? Bete Du und lasse Gott sorgen. Dir ist nicht befohlen, für mich oder Dich zu sorgen. Es heißt: ›Wirf dein Anliegen auf den Herrn, der sorget für dich‹, Ps. 55, 23 und an vielen Stellen mehr.

Wir sind, Gott Lob, frisch und gesund, nur daß uns die Verhandlungen Unlust machen und daß Jonas wollte gern einen bösen Schenkel haben, daß er sich an einer Lade zufällig gestoßen hat. So gar groß ist der Neid in den Leuten, daß er mir nicht will gönnen, allein einen bösen Schenkel zu haben. Hiermit Gott befohlen. Wir wollten nun fortan gern los sein und heimfahren, wenn's Gott wollte. Amen. Am Tag Scholasticae 1546.

Euer Heiligkeit williger Diener
Martinus Luther.«

Endlich, am 16. Februar, gelang es Luther zwischen den beiden sich streitenden Grafen Mansfeld einen Vergleich zustande zu bringen. Am 17. Februar wurde dieser vertraglich abgeschlossen.

Schon am 14. Februar war Luther zuversichtlich gewesen und hatte seiner Frau seine Rückkehr angekündigt.

»Meiner freundlichen, lieben Hausfrau, Frau Katherin Lutherin von Bora zu Wittenberg zu Händen.

Gnad und Friede im Herrn! Liebe Käthe! Wir hoffen, diese Woche wieder heimzukommen, so Gott will. Gott hat große Gnade hier erzeigt. Denn die Herren haben durch ihre Räte fast alles in Einklang gebracht bis auf zwei Artikel oder drei, unter welchen ist, daß die zwei Brüder, Graf Gebhard und Graf Albrecht, wiederum Brüder werden, was ich heute soll vornehmen. Ich will sie mir zu Gast bitten, daß sie auch miteinander reden. Denn sie sind bis jetzt stumm gewesen und haben sich mit Schriften hart verbittert. Sonst sind die jungen Herren fröhlich, fahren zusammen mit den Narrenglöckchen auf Schlitten, und die Fräulein auch, und bringen einander Mummenschanz und sind guter Sinne, auch Graf Gebhards Sohn. So muß man begreifen, daß Gott ist exauditor precum (ein Erhörer der Gebete).

Ich schicke Dir Forellen, die mir die Gräfin Albrechts geschenkt hat; die ist von Herzen froh über die Einigkeit. Deine Söhnchen sind noch zu Mansfeld; Jakob Luther wird sie gut versorgen. Wir haben hier zu essen und zu trinken vollauf wie die Herren, und man wartet unser gar schön und allzu schön, daß wir Eurer fast vergessen möchten zu Wittenberg. So ficht mich der Stein, Gott Lob, auch nicht an. Aber Doktor Jonas' Bein wäre schier schlimm geworden, so hat's Löcher bekommen auf dem Schienbein. Aber Gott wird auch helfen. Solches alles magst Du Magister Philipp anzeigen, Doktor Pommer und Doktor Cruciger.

Hier ist das Gerücht hergekommen, daß Doktor Martinus (Luther) sei weggeführt, wie man zu Leipzig und Magdeburg redet. Solches erdichten die Naseweisen, Deine Landsleute. Etliche sagen, der Kaiser sei 30 Meilen Wegs von hier, bei Soest in Westfalen, etliche, daß der Franzose Landsknechte anwerbe, der Landgraf auch. Aber laß sagen und singen –, wir wollen warten, was Gott tun wird. Hiermit Gott befohlen. Amen.

Zu Eisleben, am Sonntag Valentini 1546.

M. Luther D.«

Dieser zuversichtlich klingende Brief vom 14. Februar war Luthers letzter Brief an Katharina von Bora. An dem Sonntag hatte Luther auch zum letzten Mal auf der Kanzel gestanden und gepredigt. Drei Tage danach äußerte er gegenüber Jonas, nach einem Schwächeanfall: »Ich bin hier in Eisleben geboren und getauft. Wie, wenn ich hier bleiben sollte.«

In den Morgenstunden des 18. Februar ist Martin Luther in Eisleben gestorben.

Nachrede

Wer heute in Wittenberg das Schwarze Kloster, das Reformationsgeschichtliche Museum in der im September 1883 von Kronprinz Friedrich Wilhelm von Preußen eröffneten »Staatlichen Lutherhalle Wittenberg« besucht, der geht durch das Katharinenportal, den spätgotischen Eingang, das Katharina von Bora ihrem Mann, Martin Luther, zu seinem siebenundfünfzigsten Geburtstag schenkte. Es ist unverändert wie auch der Brunnen im Vorgarten, der auf ihre Anordnung angelegt wurde.

Hauptattraktion für den Besucher der Lutherhalle in dem ehemaligen Augustinerkloster zu Wittenberg bildet bis auf den heutigen Tag die original erhaltene Lutherstube mit den Holzwänden, Holzbänken und dem Kachelofen, den Katharina von Bora setzen ließ. Auf der erhöhten Holzbank vor dem Fenster zum Vorgarten soll sie gesessen haben, wenn sie ihre spielenden Kinder beobachtete oder auf die Heimkehr von Martin Luther wartete.

Über 400 Jahre nach ihrem Tode ist Katharina von Bora nicht vergessen, die Historie beginnt erst, ihr Leben mit Martin Luther neu zu entdecken und ihre Bedeutung für die deutsche Reformation, die gleichzeitig eine politische Revolution im Herzen Deutschlands war, zu würdigen. Nicht nur für ihre Zeit war Katharina von Bora eine außergewöhnliche Frau. Wie sie ihr Leben selbst gestaltete und neben einem der größten Männer deutscher Geschichte unabhängig und selbstbewußt gelebt hat, ist beispiellos und vorbildlich für die Gleichberechtigung der Frauen auch in unserer Zeit.

Mein besonderer Dank gilt der Staatlichen Lutherhalle Wittenberg und besonders Elke Stiegler für ihre Hilfe bei den Studien zu dieser Biographie über Katharina von Bora.

Literaturhinweise

Für die Biographie über KATHARINA VON BORA, Luthers Ehefrau, wurden alle seit dem 18. Jahrhundert erschienenen Lebensbeschreibungen herangezogen.

Christian Wilhelm Walch, WAHRHAFTIGE GESCHICHTE DER SELIGEN FRAU CATARINA VON BORA D. MARTIN LUTHERS EHEGATTIN, Halle 1751

D. Albrecht Thoma, KATHARINA VON BORA, Geschichtliches Lebensbild, Berlin 1900

Ernst Kroker, KATHARINA VON BORA, Martin Luthers Frau, Leipzig 1906

Luise Koppen, KATHARINA VON BORA, Luthers Frau, Bielefeld und Leipzig 1917

Für die Lebensbeschreibung von Katharinas Ehemann MARTIN LUTHER wurden fast alle bisher erschienenen Luther-Biographien benutzt, insbesondere die von Richard Friedenthal aus dem Jahre 1967 sowie das Buch von Heiko Oberman, LUTHER, Mensch zwischen Gott und Teufel, erschienen 1982. Für die Zitate aus den Tischgesprächen und den Briefen Luthers die Weimarer Kritische Gesamtausgabe sowie Ausgewählte Schriften, herausgegeben von Karin Bornkamm und Gerhard Ebeling, Frankfurt am Main 1982.

Wertvolle Hinweise verdankt die Autorin dem Band REISEN ZU LUTHER, erschienen im VEB Tourist Verlag, Berlin, Leizpig, 2. Auflage 1988, und der Schriftenreihe der Staatlichen Lutherhalle Wittenberg.